Freie Berufe und Gewerbesteuer

Ihr Verhältnis in Vergangenheit und Gegenwart

Von

Dr. J. Jastrow

Professor der Staatswissenschaften an der Universität Berlin

1930

Verlag von Duncker & Humblot / München und Leipzig

Verwaltung, Interessenvertretung und Forschung
Sonderschriften aus dem Reichsverband der Deutschen Volkswirte
Verband der Diplom-Volkswirte / Deutscher Volkswirtschaftlicher Verband
Herausgegeben von H. E. Krueger de Corti
Heft 7

J. Jastrow

Freie Berufe und Gewerbesteuer

Ihr Verhältnis in Vergangenheit und Gegenwart

1930

Verlag von Duncker & Humblot / München und Leipzig

Inhalt

Vorwort

Während die vorliegende Arbeit sich im Druck befand, ist im Preußischen Landtag die Heranziehung eines Teiles der Freien Berufe zur GewSt, die im Vorjahre am Widerspruch des Staatsrats gescheitert war, zum Landesgesetz erhoben worden. Die Neuerung wurde in ein für ein Jahr bestimmtes Verlängerungsgesetz eingeschoben. Daß sie mit dem geltenden Reichsrecht vereinbar sei, ist bestritten. Unbestritten steht fest, daß sie mit dem dem Reichstage vorliegenden Reichs-Rahmengesetz nicht vereinbar ist. Während die Parteien im Preußischen Landtag, die die Neuregelung beschlossen haben, sie über das Rechnungsjahr 1930 hinaus verlängern wollen, berät der Reichstag ein Gesetz, das die Neuerung rückgängig macht, wenn es in der geplanten Weise zustande kommt. Für die Beratung in beiden Parlamenten werden umfassende Meinungsäußerungen von seiten der Beteiligten vorbereitet.

Die Erörterung aller in dem Problem zusammenhängenden Fragen wird daher im Jahre 1930 voraussichtlich einen Höhepunkt erreichen. Für diese Erörterungen das gesamte einschlägige Material historisch geordnet und kritisch gesichtet darzubieten, ist die Aufgabe der vorliegenden Arbeit.

Berlin-Charlottenburg 9, im Juni 1930.
Nußbaumallee 24.

Der Verfasser

Abkürzungen

AO	(Reichs-) Abgabenordnung.
ESt, EStG	Einkommensteuer, Einkommensteuer-Gesetz.
FAG	Finanzausgleichs-Gesetz.
GewSt GewStG GewStV	Gewerbesteuer, Gewerbesteuer-Gesetz, Gewerbesteuer-Verordnung.
GO	Gewerbeordnung.
GS	(Preußische) Gesetzsammlung.
OVG	Oberverwaltungsgericht (St = Entscheidungen in Staatssteuersachen).
R	Reich.
RBewG	Reichs-Bewertungsgesetz.
RGBl	Reichs-Gesetzblatt.
St	Steuer.
VermSt	Vermögenssteuer.

I. Freie Berufe.

'Freie Berufe' ist die Übersetzung von artes liberales. Aber ars heißt nicht Beruf, und liberalis heißt nicht frei. Die Wörter sind an uns nicht aus der klassischen Sprache Roms gelangt, sondern über das mittelalterliche Latein. Alle Versuche, den Sinn der deutschen Bezeichnung mit Hilfe der lateinischen zu ergründen, sind zum Scheitern verurteilt, wenn man den langen Weg scheut, den die sprachliche Entwicklung nun einmal genommen hat.

Der Gedankenkreis, der dem Römer bei dem Worte ars zunächst vorschwebte, wird am besten durch das deutsche Wort Handwerk wiedergegeben. Da jedes Handwerk ein Können, eine Kunst ist, liegen in beiden Sprachen Handwerk und Kunst ungeschieden nebeneinander. Der Gedanke der Erlernbarkeit, der auch für uns bei Handwerk mitklingt, hat in der weiteren Entwicklung des römischen Sprachgebrauchs den Hauptakzent erhalten. Nachdenkliche römische Schriftsteller bezeichnen es als ein gemeinsames Merkmal aller artes, daß ihnen eine Wissenschaft zugrunde liege, daß jede ars ihre Wissenschaft habe [1]. Daher wurde das Wort verwendet, um das Erlernbare zu bezeichnen. Auch die rein theoretischen Wissensgebiete werden artes genannt. Der Römer spricht von einer ars mathematica; und kein noch so strenger Philologe würde in einer Doktor-Dissertation ars logica anstößig finden. Unter den erlernbaren Beschäftigungen aller Art wurden seit der Berührung mit dem Hellenentum die hohen und edlen besonders herausgehoben; ein in gewisser Weise als Ganzes empfundener Kreis, dessen Besitz den gebildeten Mann ausmachte [2]. Im Gegensatz zu den niederen wurden diese artes

---

[1] z. B. Cicero, De fin. V, 9, 26: „Omnium artium commune est, ut in aliqua scientia versentur, scientia autem sua cuiusque artis est."

[2] eb. I, 26: „non satis politus iis artibus, quas qui tenent eruditi appellantur".

als des freien Mannes würdig, als 'liberales' bezeichnet: Philosophie, Dichtung, Musik, Rhetorik, Grammatik u. a. m. An diese dachte der Römer, wenn er von den 'artes liberales' sprach [3].

Diese Sprachentwicklung war naturgewachsen. In der Übertragung ihrer Ausdrücke auf die mittelalterliche Gesellschaft wurde eine feste Abgrenzung für Lehrzwecke erforderlich. In den Klosterschulen mußte, damit der Schüler das Latein erlernte, mit Grammatik begonnen werden, wozu Dialektik und Rhetorik gefügt wurden; in einem höheren Kursus wurden Arithmetik, Geometrie, Astronomie und Musik gelehrt. Jene drei Unterrichtsgegenstände bildeten das trivium [4], diese das quadrivium; beide zusammen die septem artes liberales. Wann und wo sich zuerst das Bedürfnis herausstellte, diesen Ausdruck ins Deutsche zu übersetzen, wissen wir nicht. Aber das wissen wir, daß für eine Anschauung, wonach eine notwendige Beschäftigung eines Freien unwürdig sein könnte, in dem mittelalterlichen Ideenleben kein Platz war. Es kann daher nirgends der Versuch gemacht worden sein, für das Wort liberalis ein seinem ursprünglichen Gedankeninhalt entsprechendes deutsches Wort zu finden. Man hielt sich mechanisch an das Wurzelwort: liber = frei. Wie sich für Wörter mit Bedeutungs-Mannigfaltigkeit oft eine Übersetzung als die schulmäßige herausbildet, so hatte sich für ars die Übersetzung mit Kunst festgesetzt (in den Schulen bis heute). Daraus erwuchs die Ausdrucksweise der 'sieben freien Künste'.

---

[3] Hiemit soll nicht der Anschauung Vorschub geleistet werden, als ob die freie Bevölkerung in Rom (oder einem andern Staate des Altertums) einen derartig aristokratischen Charakter getragen hätte. Die Vorstellung, als ob im Altertum die niedere Handarbeit in der Hauptsache auf Sklaven beschränkt gewesen wäre, ist irrig. Es hat überall Massen von Freien gegeben, die sich kümmerlich von ihrer Hände Arbeit ernährten (stammt doch das Wort Proletariat aus dem Lateinischen), wie auch ein Mittelstand, der, sich in besserer Lebenslage befindend, doch von seinen wirtschaftlichen Sorgen ausreichend in Anspruch genommen war. Nach Ansicht der Römer, deren Sprachgebrauch in der uns überlieferten Literatur vorliegt, beschäftigten sich diese Freien mit Dingen, die eines freien Mannes nicht würdig seien. Daß das die große Mehrzahl ihrer Mitbürger war, bekümmerte sie nicht. Solche Denkweise ist nicht auf das Altertum beschränkt.

[4] Der Ursprung dieser Bezeichnung ist nicht mit Sicherheit festgestellt. Im klassischen Latein ist trivium eine Stelle, wo mindestens drei Wege aneinander stoßen, also ein leicht zugänglicher Ort. Es wird auch auf einen freien Platz angewendet. „Quod in trivio est", etwa: was an der Straße liegt; in diesem Sinne auch 'trivialis'. Ob aber unser heutiges 'trivial' direkt davon herkommt, oder sich im Anschluß an die Trivium-Schule neu gebildet hat (ähnlich wie wir, wenn wir von elementaren Kenntnissen, elementarer Darstellungsweise o. ä. sprechen, wohl auch an die Elementarschule denken), wird schwerlich jemals zu ergründen sein. — Quadrivium ist vermutlich gedankenlos dem trivium nachgebildet.

Diese Abgrenzung eines Wissensstoffes gewann eine größere Bedeutung, seitdem im 12. und 13. Jh. die Universitäten als Lehrstätten der höchsten Wissensgebiete aufkamen und in den beiden folgenden Jahrhunderten auch in Deutschland eindrangen. Überall fanden die Universitäten den Unterricht in den sieben freien Künsten vor. Sie übernahmen ihn und führten auf diesem gemeinsamen Unterbau ein Gebäude mehrerer Fachstudien auf. Den Unterbau bildeten die 'Artisten', den Oberbau die drei Fakultäten der Theologen, Juristen und Mediziner. Die Artisten dehnten ihre Lehrgebiete weiter aus, gaben ihnen in der philosophischen Schulung einen Mittelpunkt und gruppierten um diesen später einen Unterricht in allen Fächern, die wir heute als historisch-philologische und mathematisch-naturwissenschaftliche bezeichnen. Noch lange nachdem die Artisten ihre Gleichberechtigung mit den drei älteren Fakultäten durchgesetzt hatten, bildete die 'philosophische Fakultät' das Durchgangsstadium für die Anfänger. Erst ein bei den Artisten erlangter akademischer Grad eröffnete den Zutritt zu den Fachstudien. Die angelsächsischen Länder (A.B. = Bachelor of Arts, A.M. = Master of Arts) spiegeln noch heute den alten Zustand wider, in dem die 'Freien Künste' der gemeinsame Besitz der studierten Leute sind. Sie sind ihnen gemeinsam, und sie sind gleichzeitig das unterscheidende Merkmal gegenüber den Nichtstudierten. Die artes liberales sind die artes der studierten Leute [5].

Die neuen Kreise der studierten Leute traten in der ständisch gegliederten mittelalterlichen Gesellschaft teils in, teils neben andere Stände. Diese Gesellschaft, aufgebaut auf der Unterscheidung von Hoch und Niedrig, war von dem Gedanken durchdrungen, daß jedem Stande seine Ehre zukomme. Die Gliederung, wonach die einen das eine, die andern das andere zu tun haben, ist Bestandteil der göttlichen Weltordnung, die jedem Menschen seine Stelle auf Erden angewiesen hat. Der Mönch, der das Lebensideal der Zeit verkörpert, vom predigenden bis zum waldrodenden, zählt sein neues Leben von dem Tage seiner göttlichen Berufung. Aber ein Abglanz davon entfällt auch auf alle, denen ihr Platz auf Erden angewiesen ist. Vom Himmel her ist ein jeder berufen, das zu tun, was seinem Stande angewiesen ist. Das ist seine 'Berufung', sein Ruf (Beruf). Die neu aufgekommene tiefere akademische Bildung konnte entweder von den Einzelnen dazu benutzt

[5] Vgl. die allgemeine Literatur zur Universitäts-Geschichte in dem Sammelwerke „Das akademische Deutschland" (Berlin, Weller, im Erscheinen), woselbst auch (Band III) der Beitrag des Verfassers: 'Promotionen und Prüfungen'.

werden, in ihrem alten Berufe Besseres zu leisten; oder sie konnten einen alten Beruf in seiner Ganzheit mit so bedeutsamem Inhalt erfüllen, daß daraus ein neuer und höher geachteter hervorging; oder es konnten endlich Berufe geschaffen werden, deren Tätigkeit vorher überhaupt nicht bestanden hatte. Der erste Weg war für alle gegeben, die sich dem geistlichen Beruf widmeten. Da die Kirche den Heilscharakter priesterlicher Handlungen auf das Sakrament gründete, nicht auf die Persönlichkeit, so war die Einheitlichkeit des Standes durch die Gemeinsamkeit der Weihe gegeben, ohne Rücksicht auf Verschiedenheit des Bildungsganges. Der studierte Kleriker brachte für den gemeinsamen Beruf eine vertiefte Ausbildung mit; er konnte erwarten, daß seine kirchlichen Oberen es schätzten; manche mochten sich Hoffnung machen, daß bei Bischofswahlen der studierte Kandidat bessere Aussichten haben werde. Aber der Stand war für den Priester, der von einer Universität kam, derselbe wie für den nichtstudierten, in der Diözese für die priesterlichen Funktionen herangebildeten. Den extrem entgegengesetzten Weg hatten die Juristen vor sich. Im alten deutschen Recht gab es keine Juristen. Erst das gelehrte Studium des römischen Rechts schuf den Stand. Dieser Stand schuf den Staat, der ihn anerkannte, und hatte von vornherein eine bestimmte, und zwar eine privilegierte Stellung. Zwischen beiden lag der mittlere Weg der Mediziner. Krankenheiler gab es, bevor es medizinische Fakultäten gab [6]. Aber niemals ist einem Doktor der Medizin oder Chirurgie zugemutet worden, in eine Bader-Innung einzutreten. Es war klar, daß für die alte Tätigkeit ein neuer Beruf entstanden war; aber seine Stellung war auf Einzelregelung angewiesen, bis die später aufkommende Medizinalpolizei aus dieser Regelung einen Gegenstand des Verwaltungsrechts machte. — Für das Verhältnis aller derer, deren Tätigkeit auf den artes liberales beruhte, zu der Stadtgemeinde gewerbtreibender Bürger sind daher nie gemeinsame feste Rechtsformen ausgebildet worden [7]. Die mittelalterliche Stadtgemeinde war eine Personalgemeinde; Bürgerrecht hatte nur, wer es ererbt oder erworben hatte. Zur Ausbildung eines allgemeinen Rechtssatzes über das Verhältnis der studierten Leute zu der hergebrachten ständischen Gliederung lag keine Nötigung vor; namentlich da gegenüber der Masse der städtischen Bevölkerung in einem Lande mit wenig Universitäten (bis 1400 wurden in Deutschland 5 Universitäten begründet, und bis 1450 kamen 2 weitere dazu) die Zahl der studierten Leute überall nur gering sein konnte. Bei studierten Theologen

[6] Hierzu unten S. 25—26. [7] s. u. S. 16.

konnte ein Zweifel nicht aufkommen, wo auch der unstudierte Kleriker nicht Bürger der Stadt war, in der er seinen Beruf ausübte. Wer nicht Bürger war, war von bürgerlicher Hantierung ausgeschlossen; ein Kleriker als gewerblich tätiges Mitglied in einer kaufmännischen Gilde oder Schusterinnung wäre ein undenkbarer Gedanke. Die studierten Leute, die an ihrer Universität einen Grad erworben hatten, zogen vielfach den geistlichen Stand vor, um, falls sie als Lehrer an ihre Universität zurückkehrten, den Aufstieg in die pfründenreiche theologische Fakultät sich nicht zu versperren. Ein vom Landesherrn in die Stadt geschickter Beamter wurde dadurch nicht Bürger, ein Doctor iuris an einem höheren und also landesherrlichen Gericht hatte entweder von Rechts wegen seinen staatlichen Gerichtsstand, oder er erhielt durch besondere landesherrliche Anordnung seinen Platz angewiesen. Die Stellung der studierten Ärzte wird sich vermutlich verschieden entwickelt haben; übrigens war der studierte Arzt im mittelalterlichen Deutschland nur eine Ausnahme-Erscheinung. In gewissen Städten konnte eine Zugehörigkeit der studierten Leute zur bürgerlichen Gemeinde schon deswegen nicht in Frage kommen, weil von dieser ein viel weiterer Kreis ausgenommen war. In einer Bischofsstadt gehörte in der Regel die 'Domfreiheit' mit allen ihren Häusern und Einwohnern nicht zur Stadtgemeinde. Entsprechend in den zahlreichen fürstlichen Residenzen. In Universitätsstädten waren Professoren und Studenten nicht städtische, sondern 'akademische' Bürger und unterstanden nur akademischer Gerichtsbarkeit. — Unter den genannten Betätigungen gab es eine, die kraft durchgehenden Privilegs von der Ortsgemeinde unabhängig gestellt war: die unterrichtliche. Die Sonderstellung, die im mittelalterlichen Leben die Universität einnahm, beruhte nicht bloß darauf, daß sie Unterricht spendete, sondern daß sie auf ihre ausgebildeten Zöglinge dasselbe Recht übertrug: der 'doctor' hat seinen Namen davon, daß er Lehrer ist, daß er es sein darf, ja, daß er es sein soll. Dieses Recht, Doktoren zu kreieren, ist der Angelpunkt der älteren Universitäts-Verfassung. Schulen mit hohem wissenschaftlichen Niveau gab es in Europa auch vor den Universitäten. Wenn eine berühmte Kloster- oder Domschule einen ausgebildeten Schüler zum Lehrer machte, so war er Lehrer für diese Schule. Wen aber eine Universität promovierte, der erhielt das ius ubique docendi, das Recht, überall auf Erden Unterricht zu erteilen. Das ist der Grund, weswegen niemand wagte, eine Universität zu errichten anders als auf Grund des Privilegs einer in der ganzen Christenheit anerkannten Autorität des Papstes oder des Kaisers. Für die unterrichtliche Tätigkeit haben wir daher die Möglichkeit, uns von der Sonderstellung des studierten Berufes eine Vorstellung zu machen. Leute, die Schule hielten, um davon zu leben, waren im ausgehenden Mittelalter bereits eine häufige Erscheinung: es war ein Handwerk wie andere auch, betrieben vom 'Schulmeister' mit seinen 'Schulgesellen'. Wer einen Schulbetrieb eröffnen wollte, mußte, wie für die Eröffnung jedes andern Betriebes, die Erlaubnis des Rates nachsuchen; den promovierten Doktor oder Magister aber konnte niemand daran hindern. — Das Lehren ist nicht auf Schulen beschränkt. Der öffentliche Vortrag vor einem unbegrenzten Hörerkreise kann eine noch bedeutungsvollere Lehrtätigkeit darstellen. Die Wirksamkeit durch Schriften hat von jeher zum Lehrbetrieb in nahen Beziehungen gestanden. Die zweite Hälfte des 15. Jh. stand bereits unter dem Einfluß des Buchdrucks. Das gab neue Betätigungsmöglichkeiten für die studierten Leute außerhalb der städtisch geregelten Gewerbeverfassung. Eine Zulassung zur Schriftstellerei, wie zu einem zünftigen Gewerbe, konnte schon deswegen nicht in Frage kommen, weil seit der Zensur das einzelne Buch der Zulassung unterlag. — Die an die ältere Stellung der Kleriker anknüpfende Sonderstellung studierter Berufe geht nicht darauf zurück, daß man sie vom wirtschaftlichen Leben für ausgeschlossen hielt. Wie von jedem noch so weltlichen Beruf eine Beziehung zum göttlichen gefordert wird, so beruht die mitttelalterliche Welt- und Menschheitsanschauung auch auf dem entsprechenden Gegen-Gedanken, daß jeder kraft seines Berufes in dem Gesamtbau der Gesellschaft eine Stelle habe, die ihn ernährt: „daß die das Evangelium verkündigen, sollen sich vom Evangelium nähren“ [8]. Der Spruch „Ein

[8] Es wird sich später zeigen, daß von einer richtigen Erkenntnis dieses Sachverhalts das Verständnis für die Stellung der Freien Berufe im Erwerbsleben (nicht außerhalb) abhängt, und daß ohne sie auch die Erörterung gegenwärtig schwebender Streitfragen beständig auf falsche Geleise gerät (s. u. S. 78, 81—83, 102). Da die Bibelstelle die Anschauung enthält, nach der tatsächlich die christliche Kirche und christliche Gesellschaft der uns hier beschäftigenden Zeit gelebt hat, so sei sie im Zusammenhang wiedergegeben (1. Korinther 9, 7—14; nach Luther, Abweichungen unerheblich): „Wer zieht jemals in den Krieg auf seinen eignen Sold? Wer pflanzet einen Weinberg und isset nicht von seiner Frucht? Oder wer weidet eine Herde und nährt sich nicht von der Milch der Herde? Rede ich aber solches auf Menschenweise? Saget nicht solches das Gesetz auch? Denn im Gesetz des Moses stehet geschrieben: 'Du sollst dem Ochsen nicht das Maul verbinden, der da drischet.' Sorget Gott für die Ochsen? Oder saget ers nicht allerdinge um unsertwillen? Denn es ist ja um unsertwillen geschrieben. Denn der da pflüget, soll auf Hoffnung pflügen, und der da drischet, soll auf Hoffnung dreschen, daß er seiner Hoffnung teilhaftig werde. So wir euch das Geistliche säen, ists ein groß Ding, ob wir euer Leibliches ernten? So andere dieser Macht an euch teilhaftig sind, warum nicht vielmehr wir? Aber wir haben solche Macht nicht gebraucht, sondern wir ertragen allerlei, daß wir nicht dem Evangelium Christi ein Hindernis machen. Wisset

Arbeiter ist seines Lohnes wert" ist gerade diesen Arbeitern am Geiste auf den Weg gegeben. Wie im Ständestaat gesellschaftlich, politisch, kirchlich jeder seine bestimmte Stelle hat, und der Zusammenhalt des Ganzen sie ihm anweist und verbürgt, so hat auch jeder mit Leistung und Gegenleistung seine ihn nährende Beteiligung am allgemeinen wirtschaftlichen Verkehr; die einen mit Ackerbau und Viehzucht; andere mit Handwerk, Handel, Schiffahrt; noch andere mit Sakramentspenden, Predigen, Beten.

In den Zusammenhang dieser Weltanschauung hat der Protestantismus Bresche gelegt, aber ihre Elemente sind erhalten geblieben. Das Berufensein der weltlichen Stände hört mit dem Wegfall des mönchischen Ideals auf, ein bloßer Abglanz höheren Glanzes zu sein; es kommt jedem Stande unmittelbar zu. Das Wort Beruf in diesem Sinne hat durch Luther seine Prägung erhalten. Auf die kalvinistischen Länder geht die Vorstellung zurück, daß Berufserfolge das Zeichen göttlicher Erwähltheit seien [9]. — Die Zeit des fortschreitenden Protestantismus war gleichzeitig die Zeit des fortschreitenden Absolutismus und seines Beamtentums. Nicht nur, daß der Staat immer mehr studierte Beamte brauchte: er gab auch vorhandenen Berufen eine amtsartige Stellung. Die Berufe der studierten Leute wurden in der Hauptsache amtlich oder amtsähnlich; wie der studierte Jurist von dem Staate entweder ein Amt erhält (Richter, Verwaltungsmann), oder als Advokat eine amtlich geregelte Tätigkeit. Wo der Staat der allgemeinen Schulpflicht mit dem Anspruch auftrat, daß alle Schulen seine Schulen seien, wo er

ihr nicht, daß die da opfern, essen vom Opfer? und die des Altars pflegen, genießen des Altars? Also hat auch der Herr befohlen, daß die das Evangelium verkündigen, sollen sich vom Evangelium nähren." Die in dem Schlußsatz liegende Bezugnahme auf einen grundlegenden Ausspruch findet ihre Stütze in Luk. 10, 7 (Aussendung der Siebzig): „In demselbigen Hause aber bleibet, esset und trinket, was sie haben; denn ein Arbeiter ist seines Lohns wert." Mit der göttlichen Weltordnung wäre der Gedanke nicht vereinbar, daß sie einem Menschen einen Beruf anweisen sollte, der ihn nicht ernährt. Daß im Gegensatz zu allem weltlichen Treiben der Mönch sich einem Beruf hingebe, der nicht Nahrungsquelle sei, ist eine nachkatholische Anschauung. Der Sinn des Klosterlebens ist: daß die Gemeinschaft der dem gleichen Beruf Hingegebenen den Lebensunterhalt beschafft. An dieser Grundanschauung ändert sich auch nichts mit dem Aufkommen der Bettelmönche. Nach katholischer Anschauung ist das Gebet des Bettelmönches die Gegenleistung für die Gabe, die er empfangen hat.

[9] Die Literatur über 'Beruf', seit Max Webers Ausführungen über Kalvinismus und Kapitalismus, sowie den Rückschlägen gegen einzelne Zuspitzungen beständig zunehmend, ist mehrfach zusammengestellt worden, zuletzt von Siegfried in der 2. Aufl. des Sammelwerks 'Die Religion' I (1927), Sp. 936; dazu Dunkmann (Berlin 1922). Die Geschichte des Wortes ist eingehend behandelt von Holl in einem Akademie-Vortrage, der auch im Sonderabdruck erschienen ist (Berlin 1924).

allen Lehrern, solchen an staatlichen, an kommunalen, an zugelassenen privaten Schulen, die Pflichten staatlicher Beamten aufnötigte, kamen auch die studierten Lehrer in ein Beamtenverhältnis. In protestantischen Territorien wurde es nicht schwer, die protestantischen Geistlichen in dieselbe Stellung unter den summus episcopus zu bringen, und dann die katholischen ähnlich zu behandeln. Die Ärzte ganz in die Amtshierarchie einzustellen, ist zwar nie versucht worden; aber die vielen ihnen auferlegten staatlichen Pflichten bewirkten auch hier eine Anähnelung. Endlich (und das ist vielfach entscheidend geworden) nahm der absolute Monarch für sich in Anspruch, Stände sowohl als Einzelpersonen von der städtischen Gewalt zu 'eximieren'. Mit der Ausdehnung dieser Exemtionen gelangten die studierten Berufe, soweit ihre Träger Beamte waren, und zum Teil auch die andern, aus dem Dunstkreis der bürgerlichen Berufe heraus, die unter dem Magistrat standen. — In dieser Verfassung haben die studierten Berufe die Schicksale der europäischen Gesellschaft und ihrer Gliederung geteilt. Vom 16. bis zum 18. Jh. ging durch ganz Europa eine Befreiung der Geister, eine Beseitigung überkommener Vorurteile, zuletzt auch eine Geringschätzung der Unterschiede der Geburt, während andrerseits das Staats- und Rechtsleben sich entschlossen zeigte, die alte Gesellschaft zu halten und allenfalls die Zugeständnisse zu machen, die zum Zwecke der Aufrechterhaltung notwendig waren. Staats- und Volksleben verharrten im 18. Jh. in einer Gliederung, die andern Kulturanschauungen entstammte. Als die Französische Revolution den ständischen Aufbau niederriß, in Staat und Recht eine Abgrenzung nach Ständen ignorierte und dies als Zielpunkt für die Weiterentwicklung in der gesamten zivilisierten Welt des 19. Jh. ideell durchsetzte, sind gleichwohl aus dem täglichen Leben die alten Stände nicht verschwunden (bis heute besteht unter ihnen kein connubium und commercium). Da sie vom Recht ignoriert wurden, so wurden ihre Grenzen flüssig, ihr Bestand immer weniger faßbar. Dieser Entwicklungsgang traf die Freien Berufe wie alle andern. Da jene niemals kontrollierbare Abgrenzung gezeigt hatten, so konnte die neue Entwicklung einerseits sich schneller und mannigfaltiger vollziehen, andrerseits brauchte sie, die Unbestimmtheiten schon vorfindend, nicht Zerstörungscharakter anzunehmen.

So hat sich zwar, was die Neuzeit an Auflösung ständischer Gliederung leistete, an den Freien Berufen noch mehr als an anderen ausgewirkt; und doch erscheinen sie im Aufbau der Gesellschaft als die Berufe, die ihren alten Begriff noch am ehesten konservieren konnten. An den Berufen der vier Fakultäten hat sich dies in verschiedener Weise vollzogen. Das alte Verhältnis zu den nichtstudierten Berufsgenossen hat sich in den katholisch-theologischen Fakultäten erhalten. Sie konnten niemals den Anspruch erheben, für den Beruf ausschließliche Vorbereitungsstätte zu sein; schon deswegen nicht, weil ihre Tätigkeit einer Weltkirche galt, die das Gleichgewicht zwischen dem Ganzen und seinen Teilen in sich regelte. Die Zentrale begnügt sich, darüber zu wachen, daß das Minimum (Fähigkeit, die Funktionen wahrzunehmen) nicht unterschritten wird. Darüber hinaus hat bis heute diese Kirche für die Anforderungen, die an die Kleriker zu stellen sind, keine einheitliche Regelung; es ist Diözesansache. Wollte die Kirche auch nur die Forderung einheitlich machen, daß jeder Priester die Bibel in der Ursprache müsse lesen können: sie würde in den meisten Ländern nicht imstande sein, alle Stellen zu besetzen. Hier also hat sich der Zustand erhalten, wie er beim ersten Aufkommen der Universitäten war: Beruf und Berufsvorbildung gehen ihren alten Gang (Tridentinische Seminare); der studierte Mann hat von seinem Studium in der Neuzeit wie im Mittelalter keinen andern Vorteil, als daß ihm eine vertiefte Bildung zur Verfügung steht. Umgekehrt hat der Protestantismus, den sakramentalen Charakter ablehnend, einen geschlossenen Priesterstand verwerfend und im Prinzip auf die Lehre vom allgemeinen Priestertum zurückgreifend, den Wert der Wirksamkeit nur auf den Wert der Persönlichkeit und ihrer Vorbildung gründen können. Er hat diese Vorbildung in die höchsten Bildungsstätten der Nation, in die Universitäten, zu legen gesucht (wie er selbst von den Universitäten ausgegangen war). Nach mannigfachen inneren Kämpfen hat im Protestantismus (mit Ausnahme der Sekten) die unbedingte Universitätsbildung der Geistlichen sich durchgesetzt. So ist es gekommen, daß dieselbe Reformation, die sich gegen den Priesterstand und seine dogmatischen Grundlagen auflehnte, die Bildungsgrundlage unverrückbar festlegte, bis zur Ausschließung der Nichtstudierten. Die evangelischen Pastoren waren in Deutschland der erste zahlreiche Stand, dessen Mitglieder sämtlich akademisch gebildet waren. In den protestantischen Gegenden war bis in Kleinstädte und Dörfer hinein der Pfarrer der Typus des studierten Mannes, wohlgebildet in den artes liberales, wie zu Zeiten der alten Artisten-Fakultäten. An dem Versuch, der katholischen Kirche das gleiche hohe akademische Niveau für ihre Geistlichkeit durch Staatsgesetz aufzunötigen, hat sich der 'Kulturkampf' der 70er Jahre entzündet; der einzige Fall in der Geschichte der Freien Berufe, wo ein Konflikt über ihre Abgrenzung auf dem Welttheater ausgefochten wurde. Jene eigenartige Entwicklung brachte es mit sich, daß in diesem Kampfe die beiden Teile ohne Verständnis einander gegenüberstanden. Nachdem das Staatsgesetz zurückgezogen war, gingen die deutschen Bischöfe daran, neben und statt der Priesterseminare, oder auch durch ihre Hebung, eine neue Art von Lehranstalten zu entwickeln, die akademisches Niveau für sich in Anspruch nahmen (Bischöfliche philosophisch-theologische Akademien), so daß in Deutschland auch die katholische Geistlichkeit sich dem Zustande eines akademisch gebildeten Berufsstandes immer mehr nähert. — Zeigen uns die Theologen das Beispiel eines langsamen und schwierigen Entwicklungsganges, so gewähren die Juristen das entgegengesetzte Bild. Hier hat nicht das Amt die Vorbildung geschaffen, sondern die wissenschaftlich Vorgebildeten sind die Väter eines Berufsbeamtentums geworden. Zwar noch lange nach der Rezeption des römischen Rechts blieb es strittig, ob alle Berufsrichter studierte Juristen sein sollten. Aber im Laufe des 18. Jh. war die Entwicklung (zugleich für die Advokaten) wohl allgemein zum Abschluß gebracht und meistens unter die Kontrolle staatlicher Prüfungsordnungen gestellt. — Die Krankenheilung ausschließlich in die Hände eines studierten Ärztestandes zu legen, wäre die aufkommende Medizinalpolizei gern bereit gewesen, war aber nicht stark genug, den Kampf gegen die unstudierten Konkurrenten aller Art zu siegreichem Ende zu führen[10]. — Die philosophische Fakultät hat nur langsam selbständige Berufe ausgebildet, zunächst nur die des studierten Gymnasiallehrers. Nachdem hier die Loslösung von den Theologen gelungen war, hat die Entwicklung eine Richtung genommen, in der die Frage einer Abgrenzung zwischen Studierten und Unstudierten nicht akut werden konnte. Denn einerseits nahmen die Volksschullehrer für sich die Tätigkeitskreise der Gymnasiallehrer gar nicht in Anspruch; die beiden waren zu weit voneinander getrennt, als daß Abgrenzungs- und Zugehörigkeitsfragen hätten entstehen können. Da aber andrerseits der Staat alles, was Erziehung und Unterricht betraf, in seinen Bannkreis zog, so war schon dadurch die Zugehörigkeit zu den Freien Berufen für alle Arten von Lehrern in gleicher Weise gegeben. — Alle diese Verschiedenheiten in der Entwicklung der studierten Berufe sind doch nur verschiedene Erscheinungsformen des maßgebenden histori-

---

[10] s. u. S. 26. [11] s. u. S. 36, 87/8.

schen Vorganges: um die Zeit, wo die alte historische Gliederung der Gesellschaft nach Ständen, Berufen und Nahrungszweigen zusammenbrach, erhielt sich unter den studierten Leuten der Beruf in seiner alten Auffassung und Ideologie. Um die Wende vom 18. zum 19. Jh., in der Zeit des Neu-Humanismus, waren die gemeinsamen Bildungselemente der verschiedenen Fakultäten noch von Bedeutung: ein gewisser Nachhall der artes liberales. Eine Art geistiger Aristokratie, die keine geschriebenen Privilegien für sich in Anspruch nahm, der die Führerrolle von selbst zufiel, wenn sie sich Zielen widmete, die das Sehnen der Nation waren. Die Bewegung für deutsche Einheit und Freiheit in der ersten Hälfte des 19. Jh. war eine Bewegung der studierten Leute, um die herum sich die Gebildeten anderer Stände kristallisierten. Die Burschenschaft von 1817 ist aus der deutschen Geschichte nicht hinwegzudenken.

In allen Ländern der Erde galt die Universität als Verkörperung des gesamten Wissens, die von ihr Ausgebildeten als die Gesamtheit der theoretisch Geschulten. Daß daneben Lehranstalten der Baumeister, Maschinen-Konstrukteure, Wege-, Brücken-, Kanal- und schließlich Eisenbahn-Erbauer sich zu wissenschaftlicher Höhe erhoben und neue an den Universitäten nicht vertretene Zweige einer angewandten Wissenschaft pflegten, wurde unter diesem Gesichtspunkt nicht beachtet. Diese Lehranstalten mit den Universitäten zu vergleichen, hätte niemand gewagt. Napoleon wagte es. Selbst aus einer solchen École hervorgegangen und ihr die wissenschaftliche Bildung verdankend, durch die die Artillerie- und Ingenieur-Offiziere sich von denen anderer Truppengattungen abhoben, setzte er in seiner Reorganisation des französischen Unterrichts neben das System der Fakultäten ein System von Écoles und wies ihnen ihren verwaltungsrechtlichen Platz an. Daraus sind in den Ländern deutscher Zunge umfassende akademische Lehranstalten hervorgegangen, die in der zweiten Hälfte des 19. Jh. als 'Technische Hochschulen' die Gleichberechtigung neben den Universitäten errangen [11]. Ihre Zöglinge schlugen verschiedene Lebenswege ein. Ein Teil wandte sich, ähnlich wie die studierten Leute älteren Schlages, dem Staats- und Kommunaldienst oder der rein selbständigen Verwertung ihres wissenschaftlichen Fundaments in neuen Berufen zu; andere traten in das geschäftliche Leben ein, übernahmen oder gründeten Fabriken, Werften, Hoch- und Tiefbau-Unternehmungen aller Art. Jetzt merkte man, daß es auch an der Universität Fächer gab, deren Absolventen dieselbe Zweiteilung aufwiesen. Unter den Physikern und namentlich unter den Chemikern war ein großer Teil, der 'zur Industrie überging'. Die Zahl der studierten Leute und der Freien Berufe hatten sich beide vermehrt; aber daneben gab es jetzt in großer Zahl studierte Leute, die sich andern, als 'liberalen' oder 'Freien' Berufen widmeten, die bewußt und ihrer ganzen Persönlichkeit nach in das Geschäftsleben eintraten. — Auf andere Art hatten die Künstler in die Abgrenzung der Freien Berufe Erweiterung und Unbestimmtheit hineingebracht. Noch die großen Maler, Bildhauer, Architekten der Renaissance waren aus der Handwerkslehre hervorgegangen und fühlten sich lange als Handwerksgenossen. Die Zunftrevolutionen gegen das Patrizier-Regiment in den deutschen Städten des 15. und 16. Jh. bezogen einen Teil ihrer revolutionären Stoßkraft daraus, daß die Künstler Mitglieder ihrer Zünfte waren und ihnen ihre Intelligenz wie ihre Freiheitsliebe zubrachten. Daß Künstler ganz aus dem Handwerk herauswuchsen, geschah vielleicht zuerst nur durch die anerkannt hohe Wissenschaftlichkeit einzelner Persönlichkeiten (Michelangelo, Leonardo, auch Dürer), und erst später wurde der Künstler kraft seiner Kunst vom Handwerker unterschieden: sein Beruf wurde als ein anderer empfunden, wenngleich der Name bis heute derselbe geblieben ist (Porträtmaler, Malermeister). Seitdem die hier und da auftauchenden Kunstakademien im 17. und 18. Jh. eine größere Bedeutung erlangten, zählte man die 'akademisch gebildeten' Künstler zweifellos zu dieser Klasse. Aber die Kunst duldete noch weniger als die Wissenschaft eine Reglementierung der Zugehörigkeit: Künstler ist, wer Künstlerisches leistet. Die unbestimmten Scharen der Künstler brachten dem Wortsinn der 'Freien' Berufe eine neue Nuance hinzu. Die 'Freien Künste' sind ihnen die 'schönen Künste', weil im Wesen aller Anmut die natürlich freie Haltung liegt; und so erlebte der fast schon entschwundene Begriff der artes liberales noch nachträglich eine Umdeutung (beaux arts). — Ohne Beziehung zu einer bestimmten Vorbildung gehörte die Tätigkeit des Schriftstellers stets zu den Freien Berufen. Brauchte im Zeitalter der Zensur der Beruf nicht eingeengt zu werden, weil jede seiner Hervorbringungen an behördliche Erlaubnis gebunden war, so konnte im Zeitalter der Preßfreiheit noch weniger der Gedanke kommen, den Beruf an eine Vorbildung zu binden: die Freiheit der Meinungsäußerung wurde als ein Grundrecht jedes Menschen verlangt. In Deutschland, wo der größte Teil der wissenschaftlichen Schriftsteller sich in staatlichen oder staatlich geregelten Stellungen befindet, bezeichnete man im Gegensatz dazu die andern als freie ('Privatgelehrter', 'lebt als freier Schriftsteller') und engte den Begriff zuweilen (z. B. bei belletristischen und Tages-Schriftstellern) noch weiter auf solche ein, die auch an eine private feste Stellung (z. B. Redaktion) nicht gebunden sind. — Ähnliche Gedankenverbindungen haben dahin gewirkt, daß man die Freien Berufe überhaupt zuweilen zu amtlichen in Gegensatz brachte. Während man früher auf die Verwendung der artes liberales in Kirchen-, Staats- und sonstigen Ämtern das Hauptgewicht legte und als typischer Vertreter der Freien Berufe der studierte Mann in Amt und Würden galt, kam jetzt daneben ein zweiter (wiewohl niemals herrschend werdender) Sprachgebrauch auf, der als frei den bezeichnete, der nicht an eine öffentliches Amt oder auch nicht einmal an einen privaten Dienst gebunden war („Ich hatte niemals Vorgesetzte und niemals Untergebne").

Als der moderne Staat seine Untertanen nach ihren Berufen auszählen wollte, fand er die Berufsgliederung im alten Sinne nicht mehr vor. Er gruppierte daher nicht die Menschen nach Berufen, sondern teilte die Wirtschaft nach Erwerbszweigen: Ackerbau, Viehzucht, Baugewerbe, Textilindustrie, Banken, Gastwirtschaft usw. In jedem Erwerbszweige wurden die darin tätigen Menschen gezählt. Also von den Kutschern der eine, der einen Seidenindustriellen fährt, in Textilindustrie, der andere unter Baugewerbe, ein dritter unter Banken; wofür der Begriff des 'objektiven Berufs' erfunden wurde[12]. Wieviel Personen zur Schokoladenindustrie gehörten, war aus den Zählungsergebnissen ohne weiteres abzulesen (wobei, wie Spötter sagten, der Kutscher Schokoladenarbeiter war). Aber

[12] Daß eine wirkliche Erfindung vorliegt, ist nicht allen Statistikern entgangen. So hat Zahn (in seiner umfangreichen Abhandlung im Handwb. d. Staatswissenschaft, s. v. 'Beruf und Berufsstatistik', 4. Aufl., II — 1924 — S. 524—578) im Prinzip an dem alten Berufsgedanken festgehalten. Auch wer den hierbei durchschimmernden politischen Neigungen nicht zustimmt, kann sich doch seinen Ausführungen über die Bedeutung des subjektiven Berufs (und einen andern Beruf gibt es nicht) anschließen; ja kann noch über ihn hinausgehen. Hingegen bezeichnet er mit Unrecht (S. 526, l.) Meerwarth als den entschiedensten Vertreter des sogenannten objektiven Berufs. M. ist vielmehr unter den Statistikern gerade der, der wenigstens noch betont, daß dieser neuere Berufsgeriff lediglich für eine Wirtschaftsstatistik gelte (Nationalökonomie und Statistik, de Gruyter, Berlin 1925, S. 29); für eine Sozialstatistik würde M. andere Gesichtspunkte gelten lassen. — Übrigens würden in keiner wie immer gestalteten Zählung und Bearbeitung die 'Freien Berufe' etwas anderes als eine Rest-Rubrik werden können, weil jede Statistik suchen muß, soviel wie möglich in bestimmt erkennbare Gruppen zu bringen und die unbestimmten tunlichst auf das zu beschränken, was anderweit nicht unterzubringen ist. — Seit dem Zahnschen Artikel ist die 'Volks-, Berufs- und Betriebszählung' vom 16. Juni 1925 hinzugekommen, deren Bearbeitung noch im Gang ist. Sie kommt dem hier vertretenen Bedürfnisse wenigstens insoweit entgegen, daß für 193 subjektive Berufe die nachträgliche Ausziehung vorgesehen ist.

wieviel Kutscher es gab, war nur nachträglich zu ermitteln, indem man aus allen Erwerbszweigen die Kutscher herausholte (eine Aufgabe, die immer nur für einen Teil der Berufe durchzuführen ist). Diese Zählungen, sie mochten sich Berufs- oder Berufs- und Gewerbezählungen oder wie immer nennen, waren in Wirklichkeit Zählungen der Betriebe in den einzelnen Erwerbszweigen, und erst innerhalb der Erwerbszweige Zählungen der Menschen. Hier wurde 'Freie Berufe' eine bloße Rest-Rubrik. Für ihre genauere Abgrenzung ist nichts geschehen und konnte nichts geschehen.

Hingegen ist der moderne Staat von einem andern Ende aus auf den individuellen Beruf gestoßen: in der Fürsorge für die Berufswahl. Nachdem der Arbeitsnachweis den Weg zum Lehrlingsnachweis gefunden und sich mit der Schule in der Berufsberatung begegnet war, mußte ein Überblick über alle vorhandenen Berufe geschaffen werden, und zwar sowohl unter dem Gesichtspunkte des Individuums (Ausbildung), wie unter dem Gesichtspunkte der Wirtschaftszweige (Verwertung). Dieser Aufgabe hat sich in einem groß angelegten Sammel-Unternehmen das Landes-Arbeitsamt Sachsen-Anhalt (Magdeburg) unterzogen. Hierbei ist den 'Akademischen Berufen' ein besonderer Teil eingeräumt worden, dessen einheitliche Bearbeitung das Akademische Auskunftsamt Leipzig übernommen und geleistet hat[13]. Es ist heute kein Mangel mehr an Beschreibungen akademischer Berufe. Aber eine derartig vollständige und einheitlich geleitete Darstellung aller Bildungsgänge, die zu einem akademischen Berufe führen, und aller Verwertungsmöglichkeiten, die sich dem Ausgebildeten bieten, besaß Deutschland bisher nicht, und besitzt jetzt außer Deutschland kein zweites Land der Erde. Wie wir gesehen haben, decken 'Akademische' und 'Freie' Berufe sich nicht, und das Werk hatte keinen Anlaß, zu der Abgrenzung des Begriffs 'Freie Berufe' Stellung zu nehmen. Das Problem der Abgrenzung der Freien Berufe konnte auch hier nicht gelöst, ja, es brauchte nicht einmal berührt zu werden.

Es erhebt sich die Frage, welchem Zweck die genauere Beschäftigung mit einer Berufsgruppe dienen mag, die ihrer Abgrenzung so viele Schwierigkeiten entgegenstellt. Darauf wird ein Eingehen auf die Berufe antworten können, gegen die die 'Freien' abgegrenzt werden sollen.

---

13 Handbuch der Berufe. Im Einvernehmen mit der Reichs-Arbeitsverwaltung hrsg. vom Landes-Arbeitsamt Sachsen-Anhalt (Magdeburg) Teil II. Akademische Berufe. Bearb. v. Akademischen Auskunftsamt Leipzig. Selbstverlag des Landes-Arbeitsamts. 1927.

II. Gewerbe.

1.

Ursprünglich verhält sich Gewerbe zu werben wie Getriebe zu treiben. Es bezeichnet die Tätigkeit des Werbens in einer gewissen ständigen Intensität. Werben bedeutet ein Hin- und Hergehen, ein Sich-drehen um etwas (Wirbel), Sich-Bemühen um etwas, ein 'Umwerben' (lat. 'ambire'; er 'ambiert' dieses Amt). Im wirtschaftlichen Leben ist Gewerbe auf ein wirtschaftliches Ziel bezogen, in der entfalteten arbeitsteiligen Gesellschaft auf das Geld (Gewinn) als das regelmäßige Mittel, sich die Güter zur Ernährung zu beschaffen ('Nahrung'). An sich beziehen sich Gewerbe und Erwerb auf dieselbe Begriffsfläche; nur daß die Vorsilbe 'er-' auf den Erfolg den Hauptakzent legt. Da beide etwas Unbestimmtes an sich haben, so tritt zunächst keine genauer erkennbare Abgrenzung ein: man bezeichnet eine Gesellschaft als nach Nahrungs-, Erwerbs- oder Gewerbszweigen gegliedert, ohne daß man sich dabei etwas Verschiedenes zu denken brauchte. Um die Stellung des Einzelnen in dieser arbeitsteiligen Gesellschaft zu bezeichnen, bedient die Sprache sich aller dreier Ausdrücke, in Konkurrenz mit Beruf und Stand. Soweit die Tätigkeit ihren Mann ernähren soll (und zwar gerade auf diese Art ernähren soll): Nahrung (die Nahrungen werden in bestimmter Anzahl vorhanden gedacht: 'Nahrungsstellen'; 'Zahl der Nahrungen' an einem Ort; 'bäuerliche' und 'bürgerliche' Nahrungen); soweit an die Tätigkeit selbst gedacht wird: Gewerbe; an ihr Ergebnis: Erwerb; an die Stellung, die sie dem einzelnen in der Gesellschaft gibt: Beruf; an die Zusammengehörigkeit mit Gleichen: Stand.

Seit dem Hochkommen der Städte im 13. und 14. Jh. sowie ihrer kräftigen Weiterentwicklung im 15. und 16. Jh. ist der Sprachgebrauch von Gewerbe (wie der Sprachgebrauch überhaupt) überwiegend vom städtischen Leben beeinflußt worden. Da hier Landwirtschaft nicht wesentlich in Betracht kam, wurde Gewerbe als Tätigkeit der Leute gedacht, die davon leben, daß sie in der Stadt für andere arbeiten: die bürgerliche Nahrung im Gegensatz zur bäuerlichen. Zwar lebten innerhalb der städtischen Mauern auch Leute, die keiner bürgerlichen Nahrung nachgingen, jener Kreis der studierten Leute, der artes liberales, der liberalen Berufe. Wie die meisten von ihnen nicht städtischer Jurisdiktion unterstanden [14], so rechnete man auch ihre Tätigkeit nicht zum (städtischen) Gewerbe. Obgleich ihr Kreis niemals fest abgegrenzt war, so hat dies doch keinen störenden Einfluß auf die Sicherheit in der Abgrenzung der Gewerbtreibenden geübt, da diese in Zünften, Innungen und Gilden usw. organisiert waren. Diese Gliederung ist in der Hauptsache das 18. Jh. hindurch aufrechterhalten worden, und der Nachhall ist bis heute nicht verklungen. Für die Bedeutungsgeschichte des Wortes Gewerbe sind die Städte maßgebend geblieben.

In diese unwillkürliche Sprachentwicklung kam im 17. und 18. Jh. ein Moment der Bewußtheit durch das sprachliche Bedürfnis der Wissenschaft. Der beginnende Territorialstaat brachte in dem Jahrhundert nach dem Westfälischen Frieden Theoretiker hervor, die dem Streben nach Hebung des Wohlstandes eine einheitliche Spitze geben wollten: sie wollten einen Überschuß der Ausfuhr über die Einfuhr erzielen. Hierbei merkten sie, daß zwischen der (außerstädtischen) Landwirtschaft, die die Rohprodukte hervorbrachte, und dem Handel, der die Verteilung aller Güter übernahm, es noch ein Zwischenglied gab, das zwar Rohprodukte nicht hervorbrachte, aber doch mehr als bloße Verteilung vorhandener Erzeugnisse war: ein Zwischenglied, das Rohprodukte empfing und vor der Übergabe an den Handel noch einer Verarbeitung unterzog. Für dieses Zwischenglied zwischen Urproduktion und Handel tasten sie nach einem Ausdruck. 'Handwerk' reicht ihnen nicht aus, da sie gerade über dessen hergebracht bescheidene Grenzen hinaus wollen. Der Wunsch ist der Vater des Gedankens, wenn sie die Ausdrücke Fabrikation oder Manufaktur gebrauchen; sie suchen auch dem Worte Industrie diese ins große gehende Bedeutung anzuheften, sprechen zuweilen von Manufaktur-Industrie, von Technischer Produktion o ä. In diesem Tasten nach einem umfassenden Ausdruck für das Zwischenglied kommt es auch vor, daß für dieses das Wort Gewerbe mit Beschlag belegt wird. Da das Interesse dieser Schriftsteller und Staatsmänner gerade auf das Zwischenglied, auf die Verarbeitung von Roh-

---

[14] s. o. S. 4—7.

produkten gerichtet ist, so ist der Name, den man ihnen gegeben hat, 'Merkantilisten', etwas irreführend. Denn wenn sie auch lehren, daß nur durch Handel (worunter sie Außenhandel verstehen) der Reichtum eines Landes wachsen könne, so betonen sie als Mittel dazu doch immer die Verarbeitung von Rohprodukten. Während das Aufkommen der Städte der Landwirtschaft das gesamte städtische Gewerbe gegenüberstellt und so eine Zweiteilung geschaffen hatte, entwickelte sich zu dem wissenschaftlichen Zwecke, den Produktionsprozeß zu veranschaulichen, eine Dreiteilung in Urproduktion[15] (stoffverarbeitendes) Gewerbe und Handel. Dabei hatten die Merkantilisten keinen Grund, die landläufige Zweiteilung zu bekämpfen, die ja die beiden von ihnen hochgeschätzten Zweige trefflich zusammenfaßte. Ebensowenig die ihnen entgegentretenden Physiokraten, die beide Zweige gleich gering schätzten, weil sie allen Reichtum aus dem Bodenbau herleiteten. Als dann Adam Smith das Suchen nach der Quelle des Wohlstandes abschnitt mit dem Satze, den er an die Spitze seines Werkes stellte, und der später die wuchtige Prägung erhielt „Die Arbeit ist die Quelle allen Reichtums", waren alle Wirtschaftszweige ausnahms- und unterschiedslos in dieses Recht eingesetzt. Diesem dann zur Herrschaft gelangenden System konnte es im Prinzip gleichgültig sein, ob man zweiteilte:

I. Landwirtschaft, II. Gewerbe,

dabei zu II die Unterteilung schaffend

a) stoffverarbeitende, b) Handelsgewerbe, —

oder ob man sofort die Dreiteilung schuf:

I. Landwirtschaft, II. Gewerbe, III. Handel,

[15] Dieses ist die begrifflich korrekte Bezeichnung, während 'Landwirtschaft' nur eine Bezeichnung a parte potiori ist. Dehnt man die Landwirtschaft so weit aus, daß Forsten und Fischereien dazu zählen, so bleibt als Differenz fast nur der 'Bergbau' übrig. In der Zeit, wo der Sprachgebrauch sich bildete oder vorbereitete, kam dem Bergbau in der Tat eine theoretische Sonderstellung zu. Die Merkantilisten sahen die Zunahme des Edelmetall-Bestandes als das sicherste Symptom der Wohlstandszunahme an. Da ein Land, das Rohstoffe einführt und Fabrikate ausführt, eine Edelmetall-Zunahme erzielen muß, schützten sie die Fabrikation (Schutzzoll-Politik), aber nicht die Landwirtschaft. Nun enthält aber der Bergbau in sich die Edelmetall-Vermehrung, und schon deswegen stehen ihm die Merkantilisten anders gegenüber als der sonstigen Urproduktion. Die Neigung, ihn ebenso stark zu fördern (wenngleich nicht mit Schutzzöllen) wurde dadurch unterstützt, daß historisch die Gewinnung und erste Verarbeitung der Bergprodukte verbunden war (in 'Berg- und Hüttenwerken' bis heute geblieben ist). Daher lag es den Merkantilisten, statt 'Urproduktion' den Ausdruck 'Landwirtschaft' zu bevorzugen, und die Gleichsetzung ist aus dem wissenschaftlichen Sprachgebrauch nicht verschwunden; wie denn auch wirklich der Bergbau der Fabrikation näher steht als dem Körnerbau.

dabei das Wort 'Gewerbe' auf die Stoffverarbeitung beschränkend. Da die Dreiteilung sich durch Übersichtlichkeit empfahl, so pflegt die heutige Wissenschaft in der Lehre von der Produktion zu unterscheiden: Landwirtschaft (Urproduktion), Gewerbe, Handel.

Diese Dreiteilung und mit ihr die Einengung des Wortes Gewerbe (unter Ausschluß des Handels) ist aber eine Eigentümlichkeit der nationalökonomischen Wissenschaft (ja auch in dieser überwiegend der Produktionslehre) geblieben. Sie hat weder den Sprachgebrauch des täglichen Lebens, noch auch den der Gesetzgebung und der Verwaltung unter sich gezwungen. Jedermann spricht von einem 'Handelsgewerbe' und erkennt damit an, daß der Handel zum Gewerbe gehört, d. h. er wendet die Abgrenzung an, wie sie sich in Zeiten aufkommenden städtischen Lebens für dieses im Unterschiede vom ländlichen gebildet hat. Daß um die Wende vom 18. zum 19. Jh. der deutsche Sprachgebrauch als fest empfunden wurde, dafür haben wir ein Zeugnis an dem gleichzeitigen standard work der deutschen 'Synonymik'. Zu diesem Werke hat in den Jahren 1795—1802 Eberhard den Grund gelegt; Maaß hat 1818—1821 Ergänzungen dazu erscheinen lassen; aus beiden hat Gruber, 1826—1830, ein einheitliches Werk gemacht. Alle drei waren kritisch veranlagt, begrifflich-philosophisch geschult und sind als feinsinnige Sprachbeobachter bis heute anerkannt. In diesem Werke ist der Artikel 'Handel, Gewerbe, Verkehr' von Eberhard, 'Beruf, Bestimmung' von Maaß bearbeitet; Gruber, der bei seiner Zusammenstellung, wo er es für erforderlich hielt, Zusätze und Änderungen angebracht hat, hat an den beiden Artikeln nichts zu verbessern gefunden. In dieser Übereinstimmung dreier aufeinanderfolgender kompetenter Beurteiler, die zusammen den Zeitraum eines Menschenalters decken, haben wir über den herrschend gewordenen gemeinen Sprachgebrauch ein Zeugnis, wie es in dieser Vollgültigkeit wohl selten beigebracht werden kann. Wir lassen die beiden Artikel im Wortlaut folgen und fügen nur bei jedem die Jahreszahl des ursprünglichen und des Gruberschen Abdrucks bei[16].

---

16 Versuch einer allgemeinen Synonymik in einem kritisch-philosophischen Wörterbuche der sinnverwandten Wörter der hochdeutschen Mundart von Joh. Aug. Eberhard und Joh. Gebh. Ehrenr. Maaß. Dritte Ausgabe, fortgesetzt und herausgegeben von J. G. Gruber. Halle, in der Ruffschen Verlags-Buchhandlung, 1827.

Handel. Gewerbe. Verkehr. [1799; 1827.]

Übereinstimmung. Der Nahrungszweig, der in dem Umtausche der Erzeugnisse und Waren besteht.

Verschiedenheit. Da Gewerbe mit Erwerben verschwistert ist: so bedeutet es überhaupt jeden Nahrungszweig, durch den man sich vermittelst des Umtausches seinen Unterhalt erwirbt. So lange eine ganze Nazion noch aus lauter Grundeigenthümern besteht, ist noch kein eigentliches Gewerbe in derselben; denn ein Jeder erzeugt sich seine Bedürfnisse selbst. Die Gewerbe entstehen erst durch die Vervielfältigung der Bedürfnisse und die Vergrößerung der Bevölkerung, denn alsdann muß auch der Grundeigenthümer verschiedene seiner Bedürfnisse kaufen, und derjenige, der kein hinlängliches Grundeigenthum hat, muß Etwas hervorbringen, das er verkaufen oder gegen seine Bedürfnisse umtauschen kann. Der Bauer treibt daher eigentlich kein Gewerbe, und wenn er jetzt auch sein überflüssiges Korn verkauft, so bleibt doch noch der alte Gebrauch, daß man seinen Nahrungszweig kein Gewerbe nennt. Die Gewerbe sind daher vorzüglich in den Städten, weil darin die meisten Einwohner keine Landeigenthümer sind.

Der Handel ist selbst ein Gewerbe, denn er ist ein Nahrungszweig oder ein Erwerb, der in dem Gewinne besteht, welchen der Umtausch oder der Kauf und Verkauf der Erzeugnisse und Waren verschafft. Es gibt aber außer dem Handel noch andere Gewerbe. Ein Schneider, Schuster und dergleichen treibt ein Gewerbe, indem er für Andere Kleider und Schuhe für Geld verfertigt, die sie bei ihm bestellt haben. Nur derjenige, der ein Magazin von Kleidern und Schuhen hielte, wenn er sie insonderheit erst den Schneidern und Schustern abkaufte, würde einen Handel damit treiben. Bei Handel sieht man also auf den Umtausch, das Kaufen und Verkaufen, bei Gewerbe auf den Gewinn, wodurch ein gewisses Geschäft ein Erwerbszweig wird. Der Menschenhandel ist ein schändliches Gewerbe; ein Weib, die mit ihrer Tugend Handel treibt, ergibt sich einem ehrlosen Gewerbe. Dieser Unterschied wird auch durch den uneigentlichen Gebrauch dieser Wörter bestätigt. Vor der Kirchenverbesserung trieb der römische Hof einen schändlichen Handel mit der Vergebung der Sünden, und viele Menschen treiben mit ihrer Freundschaft, mit ihren Gefälligkeiten, mit ihrer Höflichkeit ein Gewerbe; denn sie geben Freundschaft vor, sie sind gefällig und höflich aus Eigennutz und um schnöden Gewinnstes willen.

Verkehr ist der Umtausch selbst. Wer einen leibhaften Handel und ein einträgliches Gewerbe hat, bei dem ist, und er hat, viel Verkehr. Diese Bedeutung läßt sich aus dem Stammworte Kehren, sofern es eine Veränderung der Seite, ein Umsetzen anzeigt, herleiten, und daher wird es auch in seinem uneigentlichen Gebrauche von jeder wechselseitigen Mitteilung gesagt. Man nennt in der französischen Sprache die wechselseitige Mitteilung der Gedanken, der Gesinnungen usf. un Commerce de pensées, de sentiments, und man nennt sie teutsch: einen Verkehr von Gedanken, von Gesinnungen, so wie wir die Gemeinschaft und Verbindung, die dadurch unter den Personen, die sich ihre Gedanken und Gesinnungen mittheilen, einen freundschaftlichen Verkehr nennen. Der Verkehr unter den Gelehrten wird durch den Eigendünkel, die Einseitigkeit und die Anmaßungen sektirischer Nachbeter gänzlich aufgehoben, so wie er durch die Zudringlichkeit und Indiskretion der Anekdotenjäger sehr gestört wird.

Beruf. Bestimmung. [1818; 1826.]

Übereinstimmung. Ein Zustand, der Jemendem durch einen Höhern zu Theil geworden ist. Wenn ein erfahrener Kriegsanführer vom Staate in Dienst genommen wird, um eine wichtige Festung zu vertheidigen, so ist dies Geschäft alsdann sein Beruf und seine Bestimmung.

Verschiedenheit. Beruf setzet eigentlich voraus, daß der Höhere uns zu dem, was er uns angewiesen hat, gerufen, eingeladen, uns dasselbe angeboten habe; wie z. B. wenn wir unser Amt, das wir übernommen haben, da es uns vom Staate angeboten worden, unsern Beruf nennen. Da man nun 1. einen Andern in der Regel nur zu sich rufet, damit er etwas thun und nicht, daß er sich gänzlich leidend verhalten soll; und da 2. das Rufen, das Einladen in der Regel voraussetzt, daß es von der Freiheit des Andern abhänge, ob er den Ruf annehmen wolle; so bekommt dadurch der Begriff von Beruf zwei unterscheidende Merkmale. Denn 1. wird Beruf nur von thätigen und nicht von bloß leidentlichen Zuständen gesagt; wenn diese auch durch einen Höhern uns zu Theil geworden sind. Wenn ein alter, hoch verdienter Beamter in den Ruhestand gesetzt, und von dem Staate so reichlich versorgt wird, daß er seine letzten Tage auch wirklich in vollkommener Ruhe hinbringen kann; so wird doch diese Ruhe nicht sein Beruf genannt. 2. Auch unter den thätigen Zuständen heißt nur ein solcher ein Beruf, von welchem sich denken läßt, daß er freiwillig übernommen sein könne. Wenn Baugefangene verurteilt sind, schwere körperliche Arbeit zur Strafe zu verrichten, so wird nicht gesagt, daß diese Arbeit ihr Beruf ist. — Am wenigstens werden daher leidentliche Zustände, die rein unangenehm sind, durch Beruf bezeichnet. Denn hier kommen beide angegebenen Gründe zusammen. Unheilbare Gichtschmerzen, die einen Menschen quälen, wird Niemand dessen Beruf nennen.

Bei dem Begriffe von Bestimmen fallen alle diese Einschränkungen weg. Denn Bestimmen heißt bloß: unter mehrerem möglichen Eins festsetzen. Wenn also ein Zustand eines Menschen seine Bestimmung genannt wird; so heißt das bloß: unter mehrern möglichen Zuständen ist ihm grade dieser zugetheilt worden. Das kann also ebensogut ein leidender als ein thätiger, ebensogut ein unangenehmer als ein angenehmer Zustand sein. Man sagt auch: dieser Unglückliche ist zum Leiden bestimmt.

Außerdem ist zwischen Beruf und Bestimmung noch ein Unterschied, mit welchem es aber der Sprachgebrauch, im gemeinen Leben wenigstens, so genau nicht nimmt. Da sich nämlich von der Gottheit nur sehr uneigentlich sagen läßt, daß sie uns rufe, uns einlade, ein Geschäft, oder überhaupt irgendeine Thätigkeit zu übernehmen; so kann auch ein thätiger Zustand, insofern er als von der Gottheit uns zugetheilt gedacht wird, eigentlich nicht Beruf, sondern nur Bestimmung genannt werden. Wer durch Umstände, die von ihm gar nicht abhingen, und die er der Fügung Gottes zuschreibt, dazu gekommen ist, gerade das Amt zu übernehmen, was er bekleidet, der kann sagen: er sei von Gott dazu bestimmt gewesen: aber einen Beruf von Gott kann er es eigentlich nicht nennen.

2.

Eine von jeher vorhandene städtische Ausdrucksweise, die das 'Handelsgewerbe' zum Gewerbe mitrechnet, sehen wir also in der ersten Hälfte des 19. Jh. zum gemeinen deutschen Sprachgebrauch geworden, ohne jeden Einfluß der reinwissenschaftlichen Terminologie der Nationalökonomen, die das Wort auf die Stoffverarbeitung beschränken. Hiermit ist jedoch noch nicht entschieden, wie sich die Gesetzessprache verhalten hat. Nach Begründung des Norddeutschen Bundes war die Gewerbe-Gesetzgebung eine der ersten Materien, für die eine einheitliche Regelung verlangt wurde. Die Gewerbeordnung vom 21. Juni 1869 gibt keine Definition des Wortes Gewerbe. Daraus folgt zweierlei: einerseits hielt man den Begriff nicht nach allen Seiten und in allen seinen Auswirkungen für so feststehend, daß man die bevorstehenden Beratungen mit Streitigkeiten über eine regelrechte Definition zu belasten gewagt hätte. Andrerseits hatte man das Zutrauen, daß der Begriff der gewohnheits- und empfindungsmäßig mit dem Worte verbunden würde, doch übereinstimmend genug sei, um eine tragfähige Grundlage für die Praxis abgeben zu können. Dieses Zutrauen hat nicht getäuscht. Zwar ist in ungezählten Tausenden von Fällen darüber gestritten worden, ob eine Tätigkeit unter den Begriff des Gewerbes im Sinne der GO falle oder nicht. Aber nach Überwindung einer gewissen Übergangszeit drehte sich der Streit nur noch selten darum, welches der Gewerbebegriff des Gesetzes, sondern meistens darum, welcher Art die Natur des umstrittenen Betriebes sei; es ist nicht gesagt, daß die Zahl der Streitigkeiten geringer gewesen wäre, wenn das Gesetz eine Definition gegeben hätte. — Die Umgrenzung des der GO vorschwebenden Begriffs ergibt sich mit ausreichender Sicherheit nach der positiven Seite (Einbeziehung des Handels), wie nach der negativen (Ausschließung der Landwirtschaft). Indem auch die GO an verschiedenen Stellen von einem 'Handelsgewerbe' spricht, bekundet sie nach der positiven Seite, daß ihr der Sprachgebrauch des täglichen Lebens vorschwebt, wonach der Handel mit einbezogen ist. Negativ war die Ausschließung der Landwirtschaft so sicher, daß sie nicht einmal erwähnt wurde. Obgleich das argumentum e silentio oft mißbraucht und daher in Mißkredit gekommen ist, so kann es doch in dem vorliegenden Falle ohne Gefahr angewendet werden. Denn die Befugnis zum Erlaß einer GO gründete sich auf die Verfassung des Norddeutschen Bundes von 1867, die in der Kompetenzbestimmung über die Bundes-Gesetzgebung den 'Gewerbebetrieb' aufführt. Die 22 Regierungen, die diese Verfassung vereinbart haben, hätten nicht unterschrieben, wenn die Deutung möglich gewesen wäre, daß sie hiermit ihre agrarische Gesetzgebung aus Händen gäben. Nach beiden Seiten hin zeigt also die Analyse des unausgesprochen vorschwebenden Gewerbebegriffs Übereinstimmung mit dem, den wir den städtischen nannten. Dieses einstweilige Ergebnis auf das Thema unserer Untersuchung anwendend, haben wir schon einen Anhalt dafür gewonnen, wie die Verfasser der GO sich zu den Freien Berufen gestellt haben werden. Denn wenn ihnen im allgemeinen jener städtische Sprachgebrauch vorschwebte, so ist anzunehmen, daß er ihnen auch für den Sonderfall der Freien Berufe vorgeschwebt hat, die außerhalb der bürgerlichen Hantierungen stehend gedacht wurden. In der Tat hat in den zwei Menschenaltern, die seit Erlaß der GO verflossen sind, unter allen Behörden, Prozeßparteien und Kommentatoren[17] Übereinstimmung darüber geherrscht, daß Freie Berufe keine Gewerbebetriebe sind, und vorkommende Streitigkeiten bezogen sich nur darauf, ob im Einzelfalle eine in Frage stehende Tätigkeit den Freien Berufen oder aber den Gewerben zuzurechnen sei.

Trotzdem bleibt noch zu untersuchen, ob das Gesetz an den ihm vorschwebenden Sprachgebrauch sich auch wirklich gehalten hat. Da das Gesetz sich nicht darüber ausspricht, was zum Gewerbe gehören soll, so kann es sich nur in der Aussprache darüber zeigen, was vom Gesetz ausgenommen sein soll. Davon handelt § 6, Abs. 1. In der ihm wenig später gegebenen Fassung[18]:

§ 6 Abs. 1: „Das gegenwärtige Gesetz findet keine Anwendung auf die Fischerei, die Errichtung und Verlegung von Apotheken, die Erziehung von Kindern gegen Entgelt, das Unterrichtswesen, die advokatorische und Notariats-Praxis, den Gewerbebetrieb der Auswanderungsunternehmer und Auswanderungsagenten, der Versicherungsunternehmer und der Eisenbahnunternehmungen, die Befugnis zum Halten öffentlicher Fähren und die Rechtsverhältnisse der Schiffsmannschaften auf den Seeschiffen. — Auf das Bergwesen, die Ausübung der Heilkunde, den Verkauf von Arzneimitteln, den Vertrieb von Lotterielosen und die Viehzucht findet das gegenwärtige Gesetz nur insoweit Anwendung, als dasselbe ausdrückliche Bestimmungen darüber enthält."

zählt der erste Satz die Tätigkeiten auf, die von der GO ausgeschlossen sind, der zweite solche, auf die nur einzelne Bestimmungen der GO Anwendung finden sollen. Beiden Aufzählungen ist aber leider die Verworrenheit gemeinsam, mit der die Ausnahmen eingeführt werden. Es wird nicht eine glatte Liste von Tätigkeiten gegeben, sondern der Benennung der einzelnen Tätigkeit wird in einem vorangeschickten oder einem angehängten Wort noch eine weitere Bezeichnung hinzugefügt. Manchmal heißt es, der 'Gewerbebetrieb' werde ausgenommen, manchmal nur die 'Errichtung' oder die 'Befugnis' oder nur gewisse Rechtsverhältnisse usw. usw. Von der Würdigung dieser Vor- oder Nachwörter ist die Beantwortung unsrer Frage abhängig. Es muß daher zunächst der Inhalt des Paragraphen in eine Art von Tableau gebracht werden, aus dem die Vor- und Nachwörter anschaulich hervorgehen.

---

17 Diese stellen sämtlich das Material zu §§ 1 und 6 zusammen: Landmann, Schenkel, Schicker, Berger-Wilhelmi-Flesch-Hiller-Luppe (Guttentagsche Sammlung) u. a., namentlich in den älteren Auflagen.

18 Diese zugrunde zu legen, erleichtert (da sie als die heute noch gültige den Lesern geläufiger ist) das Verständnis; und es ist in diesem Falle unbedenklich, weil die beiden Novellen (23. Juli 1879 und 1. Juli 1883) nur die Absichten von 1869 deutlicher zum Ausdruck brachten.

Nach dem ersten Satz findet die GO keine Anwendung auf:

1		Fischerei	
2	Errichtung und Verlegung von	Apotheken	
3		Erziehung von Kindern	gegen Entgelt
4		Unterrichts-	wesen
5		Advokatorische und Notariats-	Praxis
6	Gewerbebetrieb der	Auswanderungs-Unternehmer,	
7	,, ,,	Auswanderungs-Agenten,	
8	,, ,,	Versicherungs-Unternehmer,	
9	,, ,,	Eisenbahn-Unternehmungen,	
10	Befugnis zum. . . .	Halten öffentlicher Fähren	
11	Rechtsverhältnisse der Schiffsmannschaften auf den . .	Seeschiffen	

Nach dem zweiten Satz findet die GO nur insoweit Anwendung, wie sie selbst dies bestimmt, auf:

12		Berg-	wesen
13	Ausübung der. . . .	Heilkunde	
14	Verkauf von	Arzneimitteln	
15	Vertrieb von	Lotterielosen	
16		Viehzucht	

Eine Untersuchung dieser Einzelheiten ist für die Beantwortung unserer Frage von einschneidender Bedeutung.

Vorbehaltlos klar sind Nr. 6—9. Der Gesetzgeber hält diese Tätigkeiten für 'Gewerbe', er will sie aber in dem vorliegenden Gesetz nicht regeln (sei es, daß er eine polizeiliche Regelung für angemessener hält, oder eine Sonder-Gesetzgebung in Aussicht nimmt, oder den Ländern freie Hand lassen will, oder aus welchem Grunde auch immer). Ebenso wird man 14 und 15 ansehen müssen; denn da 'Verkauf' und 'Vertrieb' nichts anderes als 'Handel' sind, so zählt der Gesetzgeber beide Tätigkeiten zum Handelsgewerbe, will sie aber ausnehmen und nur einzelne Bestimmungen reichsrechtlich machen. 10 und 11 sind ihm so zweifellos Gewerbe, daß er die Unterstellung unter die GO gar nicht antasten will; nur die Konzession zu einer Fähre und die Personalordnung für die Seeschiffe will der Gesetzgeber seiner GO nicht unterstellen (sei es, daß er die Absicht hatte, diese Punkte dem Landesrecht zu überlassen wie die Fähren-Konzession; sei es, daß er sich schon damals seine 'Seemannsordnung' vorbehielt).

Auf den ersten Blick ist man geneigt, Nr. 2 (Apotheken) für ebenso klar zu halten, aber Nr. 14 macht es zweifelhaft. Der tatsächliche Zustand läßt sich etwa dahin charakterisieren, daß der Betrieb einer Apotheke zwar ein Gewerbebetrieb ist, daß er aber allen Beschränkungen, die aus seiner Unterstellung unter die Landes-Medizinalverwaltungen folgen, unterworfen bleibt (zu denen reichsrechtliche Sonderbestimmungen hinzutreten). — Nr. 5 ist in deutlicher Weise in die Rubrik 6—9 nicht einbezogen; während 6—9 als Gewerbebetriebe bezeichnet sind, ist bei 5 der Ausdruck Praxis gewählt. Hierfür gab es zwei Gründe. Einmal brachte der Gesetzgeber das Wort Gewerbe, wenn er von Advokaten und Notaren sprach, vermutlich nicht über die Lippen; sodann aber gab es zu jener Zeit noch keine einheitliche Justizregelung. — Obgleich in Nr. 4 das 'Unterrichtswesen' ausgenommen ist, finden sich doch in der GO beschränkende Bestimmungen über 'die Erteilung von Tanz-, Turn- und Schwimmunterricht als Gewerbe' (§ 35 Abs. 1). Der Gesetzgeber benannte sie zwar selbst als 'Unterricht', zählte sie aber nicht zum 'Unterrichtswesen'. Der tiefsinnigen Unterscheidung einen Sinn abzugewinnen, ist glücklicherweise nicht unmöglich. Dieses 'Wesen' treibt sein Unwesen in der Lehre von der Verwaltung, wo es zur Gewinnung von Bezeichnungen für Verwaltungszweige zuweilen den Objekten angehängt werden muß, und wo es dann vielfach in gedankenloser Häufigkeit geschieht. Gemeint war, daß die Unterrichtstätigkeit, wie sie in weitem Umfange die damaligen deutschen Staaten teils durch staatliche Anstalten ausübten, teils beaufsichtigten, außerhalb der GO stehe. Daß Tanzen und Schwimmen mit dazu gehören können, lag der Anschauung der Zeit noch fern. — Dasselbe 'Wesen' ist im 'Bergwesen' (Nr. 12) enthalten. Hier ist besonders klar, daß damit der Inbegriff alles dessen gemeint ist, was die einzelnen Staaten zu ihrer Bergwerksverwaltung rechneten, sei es Staats-, sei es Privatbesitz. Indem aber die GO einige Bestimmungen über den Bergbau trifft, andere sich für die Zukunft vorbehält (wie sie denn auch später in bezug auf Sonntagsruhe, Arbeitsordnungen, Gewerbeaufsicht durchgegriffen hat), erkennt sie den Bergbau als Gewerbe an [19]. — Daß Nr. 13, 'Ausübung der Heilkunde' nicht den Rückschluß zuläßt, der Gesetzgeber habe 'Ärzte' als Gewerbtreibende bezeichnen wollen. s. u. S. 28. — Einen wunderlichen Zusatz zeigt Nr. 3 'gegen Entgelt'. Dieser Zusatz könnte bei jeder andern der 16 Rubriken ebenso gemacht werden, weil Entgelt immer vorausgesetzt wird, wo eine Tätigkeit unter die GO fallen könnte. Diesem Zusatz einen Sinn abgewinnen zu wollen, wäre vergebliches Bemühen. Einigermaßen kann man sich erklären, wie er hineingekommen ist. Getroffen werden sollten die 'Ziehmütter' von 'Haltekindern'. Für dieses 'Ziehen' und 'Halten' stellt die Sprache dem Gesetzgeber kein anwendbares Substantivum zur Verfügung. So weit war der Gesetzgeber noch nicht, daß er Unterricht und Erziehung als ein einheitliches Ganze denken konnte. Und wenn er so weit gewesen wäre, wäre es ihm sauer angekommen, die Haltekinder hier unterzubringen; denn gerade dahin gingen die Klagen, daß die Ziehmütter meistens ihre Aufgabe nicht nach der erziehlichen, sondern ausschließlich nach der Erwerbsseite hin auffaßten; sie in eine Sammelrubrik Unterricht und Erziehung zu bringen (wenn auch mit ausdrücklicher Erwähnung) wäre gerade das unverdiente Kompliment gewesen, das man vermeiden wollte. Andererseits sollte ihnen die Möglichkeit genommen werden, sich der Polizei gegenüber auf Gewerbefreiheit zu berufen.

---

19 Die Bergwerke waren zu einem nicht geringen Teil fiskalischer Besitz; die Frage, wie weit das Reich befugt sein solle, in die fiskalischen Verwaltungen der Einzelstaaten einzugreifen, hätte im Jahre 1869 gerade an den Bergwerken zu besonders schweren Meinungsverschiedenheiten geführt. Das Berg-'Regal' war in verschiedenen deutschen Staaten so ausgebildet, daß auch der private Besitz vom Staate betrieben, und an den privaten Eigentümer nur der Gewinn abgeliefert wurde. Ein Widerstand der Einzelstaaten hätte an jener Mittelstellung (s. o. Anm. 15) des Bergbaus zwischen Urproduktion und Gewerbe eine Stütze gefunden und hätte die Debatten über den Begriff des Gewerbes herbeigeführt, die zu vermeiden man entschlossen war. Für uns ist es nicht erforderlich, auf die hiermit verbundenen Kontroversen einzugehen. Für uns genügt es, festzustellen, daß im Unterschiede von 'Unterrichtswesen', das im ersten Satz seinen Platz gefunden hat, das 'Bergwesen' in den zweiten gestellt ist, d. h. jenes von der GO ausgeschlossen ist, bei diesem der Gesetzgeber sich seine Schritte vorbehalten hat.

Nr. 3 u. 16 sind die einzigen erst bei der Umarbeitung des Paragraphen (s. o. Anm. 18) hineingeschobenen Nummern, und ihre gemeinsame Besprechung wird zeigen, daß es bei dieser Hineinschiebung nicht sehr nachdenklich zugegangen ist. Bei Nr. 16 nämlich fragt man sich vergebens, wo in der GO die 'ausdrücklichen Bestimmungen' über Viehzucht enthalten sind. Wo vom Vieh die Rede ist, ist immer nur vom Verkauf oder Vermietung von Tieren die Rede, d. h. vom Viehhandel. Was der Gesetzgeber meinte, war: der Viehhandel sollte der GO unterstellt sein, die Viehzucht nicht. Die Interpreten, die die Ehre des Gesetzgebers retten wollen, berufen sich auf § 56b Abs. 3, und es ist zuzugeben, daß das 'Umherziehen mit Zuchthengsten zur Deckung von Stuten' eine Art von Vermietung ist, die als Viehzucht ausgelegt werden könnte. Alles das beweist nur, daß die beiden Einschiebungen 3 und 16 ungeschickt gemacht sind; es beweist aber glücklicherweise ferner, daß diese Ungeschicklichkeiten für unsern Zweck nichts austragen. — Die Viehzucht, sowie die (einzige noch übrige) Nr. 1, Fischerei, sind Betätigungen, die zwar meistens innerhalb landwirtschaftlicher Betriebe, aber in einzelnen Zweigen auch selbständig betrieben werden (Schweinemästerei, Seefischerei usw.). Indem der Gesetzgeber die Fischerei in jedem Falle von der GO ausschließt und die Viehzucht nur wenigen Bestimmungen unterstellt, die Landwirtschaft als Ganzes aber mit keinem Worte erwähnt, liefert er den bündigen Beweis dafür, daß ihm der Gedanke, es könne zum Gewerbe auch die Landwirtschaft gerechnet werden, nicht gekommen ist.

Die Art also, wie das Gesetz von seiner Geltung (sei es ganz, sei es teilweise) gewisse Tätigkeiten ausschließt, weil sie nicht Gewerbe sind, andere hingegen, obgleich sie Gewerbe sind, bestätigt in den Einzelheiten, daß dem Gesetzgeber der städtische Gewerbebegriff, wie wir ihn skizzierten, vorschwebte.

Aber an andern Stellen der GO gibt es einen Punkt, der sich diesem Gedankengang zu entziehen scheint: die zuweilen sogenannte 'Unterstellung der Ärzte unter die GO' (in der heutigen Ärztegeneration soll damit die Ursache einer Herabdrückung des Ärztestandes bezeichnet werden). Wäre die Formulierung des Schlagwortes berechtigt, so müßte die ganze Anschauung, daß die Freien Berufe nicht Gewerbe seien und auch im Sprachgebrauch nicht als solche empfunden werden, einer Revision unterzogen werden. Es gibt keine Möglichkeit, hierüber aus dem Wortlaut der einschlägigen Bestimmungen allein zu einer begründeten Ansicht zu gelangen. Ausdrucksweise und Sinn müssen vielmehr aus den Zeitverhältnissen heraus begriffen werden, aus denen sie in den 60er Jahren (also vor mehr als einem halben Jahrhundert) unter andern Verhältnissen entstanden sind. Die Untersuchung ist wiederum an einen Punkt gelangt, an dem das Verständnis verschränkt wird, wenn man glaubt, das Eingehen auf die ältere historische Entwicklung sich ersparen zu können.

Die Krankenheilung war ursprünglich ein Gewerbe, organisiert wie jedes andere. In erster Linie innungsmäßig, nämlich in den Innungen der Barbiere, Bader, Feldschere o. ä. Daneben (hauptsächlich in kleinen Orten ohne Innungen) behördliche Einzelerlaubnis oder Duldung. Endlich, und zwar nicht etwa in geringem Umfang, eigenmächtiger Betrieb ohne Erlaubnis, ja, sogar gegen ausdrückliche Verbote. Für diese letzteren ist, wie in jedem andern Gewerbe, der technische Ausdruck: Fuscher (Pfuscher). Daß seit dem Aufkommen der Universitäten auch hier die Sonderstellung des studierten Mannes als selbstverständlich angesehen wurde, ist bereits erwähnt[20]. Die Landesbehörde kümmerte sich darum, ob seine Diplome in Ordnung seien, und fügte die Regelung seiner Stellung ihrer Medizinalpolizei ein. Die Sonderstellung wurde zum Teil auch denen bewilligt, die ihre Studien nicht auf einer Universität gemacht hatten, sondern in anatomischen Theatern, chirurgischen Lehranstalten usw., wie sie die Landesverwaltungen zur Verfügung zu stellen suchten (Wundärzte o. ä.). Aber die in ärztlicher Wissenschaft Ausgebildeten waren nur gering an Zahl; nicht bloß in der Zeit der Entstehung der mittelalterlichen Universitäten, sondern auch noch in der ganzen Zeit vom 16. bis 18. Jh. Die Behörden betrachteten es geradezu als ihre Aufgabe, dafür zu sorgen, daß das Bedürfnis nach Krankenheilern, wo es keine Ärzte gab, ja auch neben ihnen, angemessen befriedigt war, und ersannen hierfür ein System von Einzel-Qualifikationen, indem den einen erlaubt wurde, zur Ader zu lassen, den andern, ausgerenkte Glieder einzurenken, noch andere zur Steinschneidung zugelassen wurden usw.[21]. Erst in der ersten Hälfte des 19. Jh. trat die Tendenz auf, einen einheitlichen ärztlichen Stand zu schaffen und ihm die gesamte Krankenheilung zu übertragen. Von da an bildete sich der neue Begriff des Kurpfuschers, als einer Bezeichnung für den nichtstudierten Krankenheiler. Die preußischen Prüfungsordnungen von 1825 und 1852 suchten, die Tendenz in die Wirklichkeit zu übersetzen, indem sie den danach geprüften Ärzten, und ihnen allein, die Befugnis zur Krankenheilung zusprachen, ihnen dafür aber auch den Kurierzwang auferlegten, sie an bestimmte Taxen banden und auf die Überschreitung Strafen setzten. In Wirklichkeit wurde der Zwang für die Ärzte durchgesetzt, die Befreiung von der Kurpfuscherei blieb im größten Teil des Landes auf dem Papier stehen. In andern deutschen Staaten blieb vielfach schon die Gesetzgebung zurück, die Ausführung war noch verschiedener. Ein in einem deutschen Staate approbierter Arzt war in der Wahl seines Wohnsitzes auf diesen einen Staat beschränkt. Die Ärzte fühlten sich durch die Landes-Gesetzgebung beengt; und da die bevor-

---

[20] s. o. S. 5. [21] Ausführlich über die Entwicklung des ärztlichen Standes in der Geschichte der Promotionen und Prüfungen, in „Das akademische Deutschland" (s. o. Anm. 5).

stehende GO zu dem Gewerbe der Krankenheiler irgendwie — einbeziehend oder ausnehmend — Stellung nehmen mußte, so wurden auch die Ärzte sich über Wünsche klar. Unter ihnen war der Wunsch nach Freizügigkeit allgemein; Tax- und Kurierzwang, in der Ausführung verschieden gehandhabt, wurden als Druck auch von solchen Ärzten empfunden, die über den Verdacht erhaben waren, auf Geldschröpfung oder hartherzige Versagung ärztlicher Hilfe auszugehen; sie wollten den behördlichen Zwang loswerden, nicht um Zügellosigkeit dafür einzutauschen, sondern um die Zügelung durch die Standessitte selbst in die Hand zu nehmen (wie das ja auch tatsächlich später geschehen ist). Das war ein freiheitliches Programm, gut stimmend zu dem liberalen Geist, der die Gesetzgebung des werdenden Reichs durchhauchte; aber nur unter der Voraussetzung, daß man die Freiheit, die man für sich beanspruchte, auch andern gewährte. Die Führer des ärztlichen Standes waren entschlossen, auf das (erfahrungsgemäß erfolglose) Verbot der Kurpfuscherei zu verzichten, wenn sie dafür jene Freiheit ihres Berufes eintauschten. Bei Aufhebung der Kurpfuscherei-Verbote mußte dem Publikum die Möglichkeit gegeben werden, leicht und mit unbedingter Sicherheit zwischen dieser Art Krankenheilern und den wissenschaftlich ausgebildeten zu unterscheiden, d. h. jenen nicht nur den Titel Arzt zu untersagen, sondern auch jede Bezeichnung, die eine Täuschung hervorrufen könnte. Dadurch wurde es notwendig, in diesen Abschnitt auch grundlegende Bestimmungen über den ärztlichen Titel, d. h. über die ärztliche Approbation, aufzunehmen. Der Regierungsentwurf brachte diese, und mit ihrer Einheitlichkeit für das Bundesgebiet ganz von selbst die ersehnte Freizügigkeit der Ärzte. Der Reichstag, veranlaßt durch seine ärztlichen Mitglieder und durch ärztliche Petitionen, gab dem einen energischen Ausdruck, indem er, jenem Geiste der Zeit entsprechend, die Anwendung der Gewerbefreiheit auf die Krankenheilung begrifflich klarstellte, den Schutz der ärztlichen Standesbezeichnung desto stärker hervorhob und etwaigen Versuchen der Landes-Gesetzgebungen, Verschiedenheiten einzuführen, einen Riegel vorschob. Daraus ging die Fassung hervor, die (unter Weglassung unwesentlicher Stellen) wie folgt lautet:

Gewerbetreibende, welche einer besonderen Genehmigung bedürfen.

§ 29. Einer Approbation, welche auf Grund eines Nachweises der Befähigung erteilt wird, bedürfen Apotheker und diejenigen Personen, welche sich als Ärzte (Wundärzte, Augenärzte, Geburtshelfer, Zahnärzte und Tierärzte) oder mit gleichbedeutenden Titeln bezeichnen oder seitens des Staates oder einer Gemeinde als solche anerkannt oder mit amtlichen Funktionen betraut werden sollen . . .

Der Bundesrat bezeichnet mit Rücksicht auf das vorhandene Bedürfnis in verschiedenen Teilen des Reiches die Behörden, welche für das ganze Reich gültige Approbationen zu erteilen befugt sind, und erläßt die Vorschriften über den Nachweis der Befähigung. Die Namen der Approbierten werden von der Behörde, welche die Approbation erteilt, in den vom Bundesrate zu bestimmenden amtlichen Blättern veröffentlicht.

Personen, welche eine solche Approbation erlangt haben, sind innerhalb des Reiches in der Wahl des Ortes, wo sie ihr Gewerbe betreiben wollen . . . nicht beschränkt.

Taxen.

§ 80, Abs. 2. Die Bezahlung der approbierten Ärzte usw. (§ 29 Abs. 1) bleibt der Vereinbarung überlassen. Als Norm für streitige Fälle im Mangel einer Vereinbarung können jedoch für dieselben Taxen von den Zentralbehörden festgesetzt werden.

Für die Auffassung des § 29 ist entscheidend Abs. 1. Dieser Absatz handelt nicht von Ärzten. Denn diese besitzen bereits eine Approbation; ihnen vorzuschreiben, daß sie eine Approbation erwerben müssen, hätte keinen Sinn. Der Absatz handelt vielmehr von Krankenheilern, die nicht Ärzte sind. Ihnen soll untersagt werden, sich diesen oder einen täuschenden Titel beizulegen, wenn sie nicht eine Approbation erwerben (womit Studium und Staatsprüfung gemeint waren). Aus den Zeitverhältnissen ist erklärt, wieso dieser Art der Regelung ihr Platz in jenem Abschnitt 'Gewerbetreibende, welche einer besonderen Genehmigung bedürfen' angewiesen wurde. Und da es geschah, konnte der von den Krankenheilern übliche Ausdruck Gewerbe wohl auch einmal (Abs. 3) auf approbierte Ärzte überspringen. Man mache sich den damaligen Zustand der Gesetzgebung klar. Eine Medizinal-Gesetzgebung besaß der Bund noch nicht, und inwieweit die Länder auf diesem Gebiet ihre Selbständigkeit opfern wollten, darüber gab es noch keine einheitliche Meinung. Daß aber eine einheitlihe Regelung der Gewerbe erfolgen sollte, war allgemeiner Wunsch. Hätte man bei Einführung der Gewerbefreiheit (und damit der gewerblichen Freizügigkeit) für die Krankenheiler nicht sofort in demselben Gesetz die Ärzte erwähnt, so wären in bezug auf Freizügigkeit die approbierten Ärzte schlechter gestellt gewesen als die Kurpfuscher! Wenn also das Gewerbe der Krankenheiler sich sachgemäß nicht anders regeln ließ, als indem man sie gegen die ärztliche Approbation deutlich abhob und dadurch Bestimmungen auch über diese notwendig machte, so würde nur bei einem ungewöhnlichen Aufwand stilistischer Sorgfalt es möglich gewesen sein, eine Miterstreckung des Wortes Gewerbe auf Ärzte zu vermeiden. Daher ist auch in die (oben nicht mit abgedruckte) Übergangsbestimmung (Abs. 5) die Ausdrucksweise hineingeraten, daß Personen, welche vor Verkündigung der GO in einem Bundesstaat die 'Berechtigung zum Gewerbebetrieb' als Ärzte, Apotheker usw. erhalten haben, nunmehr für das ganze Reich als 'approbiert' gelten sollen. Aus zufälligen Ausdrucksweisen folgern zu wollen, der GO habe ein Begriff des Gewerbes vorgeschwebt, der die Ärzte mit umfaßte, ist nicht zulässig. Tatsächlich sind auch die Ärzte nicht als Gewerbetreibende behandelt worden[22].

Ein Gesetz, entstanden unter noch nicht eingefahrenen politischen Verhältnissen, unter denen eine Einigung nur aussichtsreich schien, wenn man einer Definition des Hauptbegriffs aus dem Wege ging, läßt sich nicht so interpretieren, daß in allen Punkten Einwände unmöglich gemacht würden[23][24]. Was etwa an unserer

---

22 Ein Beispiel. Durch die Novelle von 1883 wurde der § 56a eingeführt, wonach die Ausübung der Heilkunde vom Gewerbebetrieb im Umherziehen ausgeschlossen ist, „insoweit der Ausübende für dieselbe nicht approbiert ist". Das heißt: das Umherziehen ist den Kurpfuschern verboten, den Ärzten nicht. Ist es aber schon jemals einem Polizeisergeanten eingefallen, von dem Landarzt, der von Dorf zu Dorf fährt, einen Hausierschein zu verlangen?

23 An dem Tatbestande einer Sprachentwicklung wird dadurch nichts geändert, daß Abweichungen vorkommen. Auch nicht, wenn sie von hervorragenden Persönlichkeiten ausgehen; am wenigstens dann, wenn sie Ergebnis bewußten Nachdenkens sind. Hierfür zwei Beispiele.

I. Rau hat in seinen „Grundsätzen der Volkswirtschaftslehre" (1826) den Versuch gemacht, für alle erwerbende Tätigkeit einen einheitlichen Ausdruck zu prägen und hat dafür das Wort Gewerbe gewählt (§ 98, S. 140), so daß bei ihm Gewerbe der Oberbegriff ist, der umfaßte: 1. die Landwirtschaft; 2. das, was andere Nationalökonomen Gewerbe nennen (Zwischenglied); 3. Handel; 4. pp. Das drückt er in der Definition aus: „Beschäftigungen für den Zweck des Erwerbes heißen überhaupt Gewerbe" (§ 94). Infolgedessen fehlte es ihm an einem geeigneten Worte für die stoffverändernde Tätigkeit. Er hielt aber durch alle acht Auflagen seines vielgelesenen Werkes (bis 1870) an jener Definition von Gewerbe fest, quälte sich für die Stoffveränderung mit allerhand Ausdrücken (technische Produktion, Manufaktur-Industrie, Fabrikation usw.) ab und blieb dabei stehen, für das Zwischenglied (2) das Wort Gewer*ke* zu kreieren. Das Wort existiert zwar im deutschen Sprachschatz. Aber es bedeutet entweder („der Gewerke") den Werk-Genossen (noch erhalten im Bergbau), oder (das Gewerk-e) die Gesamtheit dieser Genossen, ihre Genossenschaft an einem Orte (erhalten im Handwerk: das Schneidergewerk, das Tischlergewerk, namentlich auch, wenn von ihrer Herberge oder der Versammlung in ihr die Rede ist). Wie R. darauf verfallen ist, die Tätigkeit selbst Gewerke zu nennen, geht aus seinem Buche nicht hervor. R. hatte, bevor er sein eigenes System entwarf, das von Storch, einem in Petersburg französisch schreibenden Balten (Cours d'économie politique, Petersburg 1819), ins Deutsche übersetzt (Hamburg 1819/20). Storch (I, 181/2) nennt jede nicht rein innere Arbeit, also jede Sachgüter produzierende: travail industriel oder 'industrie', was (nach dem ursprünglichen lateinisch-französisch-englischen Sprachgebrauch [s. u. Anm. 24] nicht unmöglich) seine vier Gruppen decken soll: Einsammeln von Naturschätzen, Landwirtschaft, Verarbeitung (industrie manufacturière), Tauschen. Bei der Übersetzung der gesperrt gedruckten Wörter muß R. einem der damaligen Verdeutscher ins Garn gegangen sein. Campe, ein sonst um die deutsche Sprache wohlverdienter Mann, betrieb Fremdwörter-Verdeutschungen fabrikmäßig (Goethe: 'campisieren') und büßte dabei einen Teil seines natürlichen Sprachgefühls ein. Eben damals war sein Verdeutschungs-Wörterbuch erschienen (Braunschweig 1801, 2. Aufl. 1813). Hier will Campe (S. 307, 410/11) für Manu-

Argumentation anfechtbar erscheinen könnte, sei durch eine vorsichtige Formulierung des Ergebnisses ausgeglichen. Daß der GO von 1869 der Begriff Ge-

---

faktur, Manufakturist, Fabrikant, Fabrique einführen: 'Gewerk, Gewerkshaus, Gewerkmann, Gewerksherr, Gewerker'; wie aus seiner eigenen Darstellung hervorgeht, gemachte Wörter. Indem R. von hier für das, was andere Nationalökonomen Gewerbe nannten, das Wort Gewer*k*e entnahm, wurde das Wort Gewerbe für ihn frei zur Übersetzung jenes Oberbegriffs der 'industrie'. Da dies in die Zeit fällt, wo wirklich (s. u. S. 40—41) die französische Revolution glaubte, alle wirtschaftliche Tätigkeit in einer einheitlichen gleichmäßigen Gesetzgebung nach dem Prinzip der Gewerbefreiheit regeln zu können, kann man dies R. vielleicht einigermaßen zugute halten. In seinem 'Grundriß der Kameralwissenschaft' (Heidelberg 1823), einem Muster streng logischer Über- und Unterordnung, ist er noch manchmal über das selbstgemachte Wort gestolpert, so daß ihm 'Gewerbe' entschlüpft, wo er sich verpflichtet hatte, 'Gewer*k*e' zu sagen (S. 50 unten; ja S. 54 oben sogar in zwei Zeilen hintereinander abwechselnd; vielleicht war auch der Setzer der Unnatürlichkeit der Ausdrucksweise nicht gewachsen). In den Erläuterungen, die er zwei Jahre später zu dem Grundriß herausgab (Über die Kameralwissenschaft, Entwicklung ihres Wesens und ihrer Teile. Heidelberg 1825. S. 47—50) sagt er geradezu: „Beschäftigungen, die den Erwerb zum Zweck haben, nennt man [!] Gewerbe" und ist in die selbstgeschaffene Ausdrucksweise bereits so eingelebt, daß er in dem Abschnitt von dem, was er Gewerke nennt (Stoffverarbeitung), andern Leuten den Text liest (S. 58). „Ein entschieden falscher, dennoch aber sehr häufiger Gebrauch ist es, die in diese Abteilung fallenden Beschäftigungen durch das Wort Gewerbe zu bezeichnen, welches, wie oben gezeigt [!] worden, einen ganz allgemeinen Sinn hat. Will man das längst bekannte [!], gerade für diesen Begriff am häufigsten angewendete Wort Gewerk nicht brauchen, so bleibt nichts übrig, als irgendein unbequemer zusammengesetzter Ausdruck, z. B. Stoffverarbeitungs-, Stoffveredelungs-, Stoffzurichtungs-, Fabrikationsgewerbe." Übrigens hat R. nicht etwa die Konsequenz gezogen, in seinen so ausgeweiteten Begriff 'Gewerbe' die Freien Berufe hineinzunehmen. Um dem zu entgehen, schließt er sie von dem alleroberstan Begriff, dem 'Erwerb' aus, weil die Erwerbsabsicht bei ihnen nur in zweiter Linie stehe. In der menschlich schönen und ihn ehrenden Art, in der er sich über den Sinn dieser Berufe ausspricht (S. 58), sieht er sich zu einer Übertreibung des Sachverhalts genötigt, weil es auch seinem inneren Empfinden widerspricht, Ärzte, Rechtsanwälte, Lehrer, Schriftsteller als Gewerbtreibende bezeichnen zu sollen.

II. Bismarck hat Gewicht darauf gelegt, das Wort Gewerbe so zu brauchen, daß die Landwirtschaft darunter fiel. In einer Rede vom 23. Mai 1878 im Preußischen Abgeordnetenhause, in der er auf die Gliederung der Ministerien zu sprechen kam, führte er aus (Sten. Ber. S. 1963r), er habe stets ein Bauministerium für sämtliche Bauten und ein Gewerbeministerium für alle Gewerbe verlangt und fügte für das letzte hinzu: „Das landwirtschaftliche Gewerbe ist auch ein Gewerbe, der Handel ist auch ein Gewerbe, alles gehört unter den Begriff des Gewerbes und sollte ministeriell in einer Hand sein." Diese philologische Ausführung hat einen politischen Hintergrund. Das Jahr 1878 ist das Jahr des Sozialistengesetzes, und dieses ist ein Moment des großen Umschwunges von einer liberalen zu einer rechtsgerichteten Politik im allgemeinen und der Stellungnahme zu Arbeiterfragen im besonderen. B.s arbeiterpolitisches Programm war auf zwei Punkte festgelegt; negativ: Bekämpfung der Sozialdemokratie, positiv: Fürsorge durch den neuen Gedanken der drei großen Arbeiterversicherungen. Beides sollte dazu dienen, weitergehende Forderungen zu verhindern. Insbesondere war B. ein Gegner staatlicher Regelungen der Arbeitszeit (vor allem ein Gegner der gesetzlichen Sonntagsruhe). Noch in seinen Memoiren hat er von diesen Gesetzen als Eingriffen in die Autorität des Familienvaters gesprochen, da dieser zu bestimmen habe, wann die Familienmitglieder arbeiten sollen. Den damaligen Arbeitgebern, die diese staatlichen Eingriffe bekämpften, hat er werbe zugrunde liegt, wie er sich innerhalb des städtischen Kulturlebens entwickelt hatte und damals gemeiner deutscher Sprachgebrauch geworden war, ist

seinen Beistand mit der Begründung geliehen: so wie er in seiner Gutswirtschaft den Staat nicht wolle dreinreden lassen, so wolle er diese Einmischung auch den Fabrikbesitzern nicht zumuten. Um für derartige Anforderungen an die Reichs-Gesetzgebung die preußische Initiative auszuschalten, hat B. nicht geduldet, daß in Preußen das Ministerium für Handel und Gewerbe besetzt würde, sondern er übernahm dieses Ministerium selbst. Dieser Vorgang fällt in das Jahr 1878, in dem jene Äußerung getan wurde. Aus dieser Stelle geht hervor, daß es sein Ideal gewesen wäre, auch das Landwirtschafts-Ministerium mit einzubeziehen. Für diese weitgehende Vereinigung berief B. sich auf seinen Vorredner Miquel. Aber da ist es bezeichnend, daß im Ausdruck Miquel (S. 1958r.) sich entgegengesetzt verhalten hatte: „Sollte es denn nicht geraten sein, Landwirtschaft, Gewerbe, Handel und Industrie zusammenzubringen?" So drückt sich jemand aus, der für die vier Dinge keinen passenden gemeinsamen Namen weiß. Ja, M. ist so weit davon entfernt, 'Gewerbe' in der B.schen Weite zu kennen, daß er das Wort sogar in dem ganz engen Sinne der Nationalökonomen verwendet, es daran gewissermaßen ahnungslos verschwendend. — B. kam es gerade auf den Ausdruck an. Und in der einseitigen Outrierung des Ausdrucks entging es ihm, daß dann das Bauen doch auch ein Gewerbe ist. Jemand, der auf den ausgeweiteten Gebrauch des Wortes Gewerbe so viel Gewicht legt, hätte zum mindesten begründen müssen, weswegen er gerade das Baugewerbe ausschließen wolle. Aber diese Ausschließung hatte ebenfalls politische Gründe. Was wir Bau nennen, heißt in der Behördensprache 'Öffentliche Arbeiten' und begreift die Eisenbahnen mit, in denen — wiederum gerade im Jahre 1878 — die große Wendung zur Verstaatlichung eintrat. Darum wurde damals von dem 'Ministerium für Handel, Gewerbe und öffentliche Arbeiten' der letzte Teil abgetrennt. Dieser wurde später das umfangreichste Ministerium Preußens, und war schon damals dazu bestimmt, es zu werden. Für die Durchführung der neuen Eisenbahnpolitik wurde ein eigener Bau-Minister ebenso unentbehrlich, wie für die Verhinderung einer Arbeiterschutz-Politik die Eliminierung eines eigenen Handelsministers. — B. war ein Meister der Sprache. Wie alle Sprachgewaltigen, benutzte er die Herrschaft, die aus einer Kenntnis des Sprachgebrauchs hervorging, auch dazu, diesem Gewalt anzutun, wenn er für seine Zwecke einen geänderten Sprachgebrauch haben wollte. Unter den Beispielen, in denen B. einen gewaltsam veränderten Sprachgebrauch in den Dienst seiner Politik stellte, nimmt das vorliegende die Sonderstellung ein, daß hier der Politik (und damit dem Sprachzwang) der Erfolg versagt war. Der gewerbliche Arbeiterschutz ist der Punkt, an dem B. gescheitert ist. Als er im Jahre 1890 seine Zustimmung dazu geben mußte, daß in Preußen endlich wieder ein eigener Handelsminister ernannt wurde, war dies der Vorbote seines Sturzes. (In der soeben erschienenen Jubiläumsschrift des Handelsministeriums von H. Borchard, Berlin. Reichsverlag Kalkoff, S. 30, 37, sind diese Zusammenhänge zwar mit Zartgefühl, aber doch richtig dargelegt; ausführlicher bei Jastrow, 'Was ist Arbeiterschutz' in: Archiv für Rechts- und Wirtschaftsphilosophie 6 [1912/3], S. 137—140; Hauptquelle: Gedanken und Erinnerungen 3 [1919], hauptsächlich S. 51—52.) So spielen in das kleine Thema des Sprachgebrauchs und seiner Wandlungen die großen politischen Ereignisse hinein. Je kräftiger die Persönlichkeit ist, auf die man sich für einen abweichenden Sprachgebrauch berufen will, desto sorgfältiger will das Vorgehen nach seinen Zwecken geprüft sein; am sorgfältigsten bei welthistorischen Persönlichkeiten.

24 Zu den wunderlichen Schwierigkeiten, mit denen unser Thema bepackt ist, gehören auch die Schicksale des Wortes Industrie. Im englischen und französischen Sprachgebrauch ist die lateinische Grundbedeutung betriebsamer, fleißiger Arbeit noch maßgebend, und nur davon abgeleitet die engere Beziehung auf stoffverändernde Tätigkeit. So hat auch zunächst, im 18. Jh.,

eine an sich historisch berechtigte Annahme. Sie findet eine Bestätigung darin, daß 1. in den Gewerbebegriff der GO der Handel einbezogen, 2. die Landwirtschaft ausgeschlossen ist (beides nicht einmal ausgesprochen, sondern sogar als selbstverständlich vorausgesetzt), und daß 3. in der GO zum mindesten nichts enthalten ist, was einer (ebenso selbstverständlichen) Ausschließung der Freien

---

Deutschland das Wort übernommen. Die damaligen Bestrebungen, in die Schulen einen Arbeitsunterricht einzuführen — für die Knaben das, was später Handfertigkeit genannt wurde, für die Mädchen Nähen, Stricken usw. — sprachen von einem Industrie-Unterricht. Aber schon Ende des 18., und vollends im Laufe des 19. Jh. wurde in Deutschland die Ursprungs-Bedeutung des Wortes Industrie abgestoßen, und es blieb nur die engere Beziehung übrig. Indem man die weitere Bedeutung, die in England und Frankreich bei dem Worte mitklang, in Deutschland auch bei Übersetzungen außer acht ließ, entstand eine Verwirrung. In allen wirtschaftlichen Streitigkeiten gehörte es zu den vergiftenden Mißverständnissen, daß man von Adam Smith' 'Industrie-System' sprach und ihm den Makel anheftete, daß er ebenso einseitig für die Industrie eingetreten sei, wie die Physiokraten für die Landwirtschaft, die Merkantilisten für den Handel. Wenn Engländer Smith' System ein System der 'industry' nannten, so war damit gemeint, daß er jede Einseitigkeit zugunsten eines Arbeitszweiges ablehne, in der wirtschaftlichen Arbeit allgemein die Quelle des Reichtums sehe. — Auf unser Thema hätte diese Mißentwicklung nicht von Einfluß zu sein brauchen, wenn nicht das Unglück gewollt hätte, daß sich zwischen den Wörtern Gewerbe und Industrie eine Art Konkurrenz-Regelung gebildet hätte, die in Wirklichkeit eine neue Verwirrung schuf. Es führte sich ein, daß man in bezug auf das Handwerk den Ausdruck Gewerbe, in bezug auf Fabrikation den Ausdruck Industrie bevorzugte. So nannten sich in Süddeutschland die ersten frei entstandenen Interessenvertretungen, die sich das Handwerk gab, 'Gewerbevereine' (aus denen später amtliche 'Gewerbekammern' hervorgingen), während die Handelskammern, als sie zum Ausdruck bringen wollten, daß sie nicht bloß Kauf und Verkauf vertreten, die amtliche Bezeichnung 'Handels- und Industriekammern' durchsetzten. Diese Unterscheidung auch noch in dem vorhandenen Rahmen des Sprachgebrauchs unterzubringen, ist sprachtechnisch heute nicht mehr möglich. Die Fabrikation würde vielleicht sowohl mit Großindustrie wie mit Großgewerbe einverstanden sein. Aber der Gegensatz ist nicht mehr zu bilden, denn einerseits ist Kleinindustrie in anderem Sinne vergeben (z. B. die Solinger Kleineisenindustrie). Und andererseits sind jene Gewerbevereine und Gewerbekammern nicht in dem Sinne entstanden, ihre Tätigkeit auf ein 'Klein'gewerbe zu beschränken. Aus einer Zeit stammend, wo Fabriken als Ausnahmen betrachtet wurden, nahmen sie wirklich für sich in Anspruch, 'das' Gewerbe zu vertreten. Und noch heute, wenn sie 'Gewerbeförderung' verlangen, meinen sie damit beides zugleich: Förderung des Handwerks, und das ist ihnen Förderung des Gewerbes. Gerade die Kreise also, die das Wort Gewerbe für das Kleingewerbe mit Beschlag belegen, werden am meisten Gewicht darauf legen, daß dieses 'das' Gewerbe sei (indem sie wahrscheinlich meinen, die großen Betriebe verlangen die Förderung gar nicht). So häuft sich auf das Wort Gewerbe zu seiner Zwei- und Dreideutigkeit noch eine Deutigkeit mehr.

Die Abweichungen, wie sie in dieser und der vorigen Anmerkung dargelegt sind, erschüttern das im Text Ausgeführte nicht; im Gegenteil: sie bekräftigen es. Die Abweichungen zeigen die Gequältheit der bewußten Sprachmacher. Wie hebt sich davon der aus städtischem Leben erwachsene städtische Gewerbebegriff der GO ab, den ohne Definition und ohne Verabredung alle gesetzgebenden Faktoren gleichmäßig empfinden, und der allen Vollstreckern des neuen Gesetzes, nicht anbefohlen und nicht einmal ausgesprochen, ebenso gleichmäßig vorschwebt.

Berufe widerspräche. Nimmt man dazu, daß alle drei Punkte in der Ausführung des Gesetzes sich so gut wie widerspruchslos durchgesetzt haben, so ist es nicht leichtsinnig zu behaupten: der gemeine deutsche Sprachgebrauch, wie wir ihn an der Hand der besten Autoritäten um die Wende vom 18. zum 19. Jh. an bis in die 20er Jahre verfolgen konnten, erscheint nach der Mitte des Jahrhunderts in der GO von 1869 unverändert; ihre Handhabung während der folgenden Jahrzehnte zeigt den Begriff ebenfalls in empfindungsmäßig feststehender Umgrenzung.

3.

Durch das Gewerbegerichts-Gesetz von 1890 wurde die Möglichkeit geschaffen, für Lohnklagen gewerblicher Arbeiter gegen ihre Arbeitgeber, sowie für ähnliche Prozesse, Gerichte zu schaffen, in denen erwählte Vertreter beider Teile unter einem unparteiischen Vorsitzenden Recht sprachen. Im materiellen Recht wurde dadurch zwar nichts geändert. Gewerblicher Arbeiter war: auf wen 'der 7. Titel der GO Anwendung findet'. Trotzdem ist dieses Gesetz für die Anwendung des Begriffes gewerblicher Arbeiter (und also auch des Begriffes Gewerbe) von weitreichenden Folgen gewesen. Denn erst dadurch erlangten Rechtsprechung und Wissenschaft Fühlung mit den Massen der städtischen Bevölkerung. Das Gerichtsverfahren, und zwar der kleinen Amts- nicht viel anders als das der großen Landgerichte, war auf die Bedürfnisse der Arbeiter nach Entscheidung von Lohnklagen nicht zugeschnitten. Tatsächlich wandten sie sich auch so selten an die Gerichte, daß unter den Juristen damals die Meinung entstehen konnte, die neuen Gewerbegerichte würden nichts zu tun haben. Die wissenschaftliche Jurisprudenz beschäftigte sich mit dem gewerblichen Arbeitsvertrage nicht; höchstens, daß sie in den Pandekten ihm in der Lehre von der Dienstmiete eine Anmerkung gönnte, um den einzigen Vertrag, der für das Berufsleben der großen Masse der städtischen Bevölkerung in Betracht kam, mit einem Hinweis auf die GO in ein paar Zeilen abzutun. Aus den Erfahrungen des ersten Jahrzehnts deutscher Gewerbegerichte ging Lotmars Werk über den Arbeitsvertrag hervor. Das Gewerbegerichts-Gesetz fing an, als die Magna Charta der Arbeiter zu gelten, die ihnen zum erstenmal einen Rechtsschutz nicht bloß versprach, sondern auch in leicht zugänglicher Form beschaffte. Es war ein begreifliches Drängen der Arbeiter, den Kreis der Geschützten so weit wie möglich auszudehnen. Die Frage, was unter Gewerbe fällt oder nicht fällt, früher nur zwischen Unternehmern und Behörden spielend, war nun (wenn auch zunächst bloß in den größeren Städten) Sache der ganzen Bevölkerung geworden. Eine Flut von Kompetenzfragen ergoß sich über die neuen Gerichte. Und das waren Gerichte, in denen nicht bloß Kläger und Beklagte kontradiktorisch miteinander verkehrten; sondern der Rhythmus setzte sich bis in das Beratungszimmer fort. Wenn über die Zugehörigkeit einzelner Gruppen zum 'Gewerbe' unter Arbeitgebern einer-, Arbeitern andrerseits verschiedene Anschauungen herrschend waren, so mußten die Verschiedenheiten in den Beratungen aufeinanderplatzen. Ja, ob die Frage auftauchte, hing hier noch nicht einmal von den Zufälligkeiten einer Klageerhebung ab: schon zur Vorbereitung der Beisitzer-Wahlen und zur Feststellung der Stimmberechtigungen mußte von Amts wegen beständig die Frage aufgeworfen werden, wie weit der Begriff Gewerbe reiche. Es ist richtig, daß der Gesetzgeber etwas hätte tun müssen, um dieser andrängenden Fülle von Streitfragen vorzubeugen; zwei Jahrzehnte nach Erlaß der GO hätte er zum mindesten die Sätze, die widerspruchlose Anerkennung gefunden hatten, kodifizieren können. Statt dessen mußte in den neuen jetzt herangezogenen Bevölkerungskreisen das Tasten von neuem begonnen werden. Dies war um so schwieriger, da diese Gerichte keine gemeinsame obere Instanz besaßen. Die einzelnen Gewerbegerichte erfuhren nichts voneinander, weder von ihrer Tätigkeit, noch auch nur von ihrem Vorhandensein. In den kritischen Zeiten wuchs mir im Verbande deutscher Gewerbegerichte der Aufbau wenigstens einer literarisch-wissenschaftlichen Zentralisierung zu (1894—1897). Indem die Judikatur gesammelt wurde, wurde gleichzeitig auch der Sprachgebrauch gesammelt. Für die Feststellung des Sprachgebrauchs im deutschen Volke war hier eine selten günstige Gelegenheit. Die Arbeitgeber- und die Arbeiter-Beisitzer gehörten (wenigstens zu einem erheblichen Teile) zwei gesellschaftlich verschiedenen Klassen an; ihre Übereinstimmung im Sprachgebrauch (ohne Reflexion) war ein desto wertvolleres Zeugnis. Die Vorsitzenden der größeren Gewerbegerichte waren schon damals zum größten Teil Juristen; und wenn diese nicht widersprachen, so war dies ein wertvolles Zeugnis dafür, daß der gemeine Sprachgebrauch in der Tat auch der Gesetzessprache und der Reflexion darüber zugrunde lag. Allseitig herrschte die Voraussetzung, daß der GO ein bestimmter Gewerbebegriff zugrunde liege, der stillschweigend angewendet wurde. Von diesem Begriff war die Landwirtschaft ausgeschlossen, und niemand verlangte, es solle ihm eine Gesetzesstelle gezeigt werden, auf die sich das gründe. Die Grenzziehung gelangte hier besonders oft zur Erörterung, als die Gärtnergehilfen darauf drängten, unter die Gewerbegerichte zu kommen. Niemals wurde dies darauf gegründet, daß die Ausnehmung der Landwirtschaft in der GO nicht ausgesprochen sei, sondern immer nur der Versuch gemacht, gerade die vorliegende Gärtner-Kategorie als nicht-landwirtschaftlich hinzustellen. Die Stellungnahme zum Handel war nicht ebenso leicht, gelang aber trotzdem. Darüber bestand Einverständnis[25], daß die Handlungsgehilfen kaufmännischer Geschäfte vom Gewerbegericht durch ausdrückliche Gesetzesbestimmung ausgenommen waren. Trotzdem war von vornherein das Bewußtsein vorhanden, daß auch der Handel den Gewerbegerichten unterstellt sei, nämlich insoweit Personen in Betracht kommen, die nicht Handlungsgehilfen sind: Hausdiener, Packer, Ausläufer, Pförtner, Kutscher usw. Das Sprachempfinden trat in der unterschiedlichen Stellung zur Landwirtschaft und zum Handel deutlich hervor. Jene gehörte nicht zum Gewerbe, und es bedurfte hierfür nicht einmal einer Gesetzesstelle. Dieser aber gehörte zum Gewerbe, und wenn es eine entgegenstehende Gesetzesstelle gab, so war nur so viel ausgenommen, wie in dieser Stelle enthalten war. — Schwierigkeiten zeigten sich in der Abgrenzung der Freien Berufe. Bis zum Aufkommen der Gewerbegerichte war praktisch der Hauptanlaß, sich mit ihnen zu beschäftigen, nur in bezug auf die Qualität als Unternehmer gegeben; jetzt aber wurde die neue Kompetenzfrage in bezug auf weite Kreise von Angestellten brennend. Wenn ein Fabrikant zweifellos ein Gewerbetreibender ist: ist dann für seinen angestellten Fabrikchemiker das Gewerbegericht zuständig? Wenn der Zeitungsverleger ein Gewerbetreibender ist, und also die, die er annimmt, Gewerbegehilfen: ist es auch sein Redakteur? Hört der Zeichner, der bei einem Maurermeister Grundrisse kopiert, auf, Gewerbegehilfe zu sein, wenn er seine Dienste einem künstlerischen Architekten widmet (der als solcher nicht Gewerbetreibender ist)? Diese und ähnliche Fragen wurden nicht in der Art erörtert, daß das Gesetzbuch aufgeschlagen, der Begriff gebildet und auf einen vorliegenden Fall angewendet wurde; sondern umgekehrt entschied man den vorliegenden Fall nach Sprachempfinden und vergewisserte sich nachträglich, wenn Zweifel auftauchten, daß auch die Gesetzgebung von demselben Sprachempfinden geleitet war. Daß der Arzt, Rechtsanwalt, Lehrer, Schulhalter ebensowenig Gewerbtreibender ist wie ein Pfarrer oder Richter, stand dem Sprachempfinden fest; und erst, wenn in einem Grenzfalle ein Streit entstand, ging man

[25] Daher braucht nicht erörtert zu werden, ob die Ausdrucksweise des § 21 GGG glücklich war.

an die Interpretation der GO. Nur in dieser Art spielte auch der § 6 GO eine Rolle. Doch kam man mit dieser Methode nicht immer aus. Für manche Kategorien stellte sich ein Bedürfnis nach einer Orientierungslinie des Denkens und Empfindens heraus. Diese entlieh man einer Abgrenzung, die in der GO zu andern Zwecken und mehr gelegentlich vorkam: die Unterscheidung von Veranstaltungen, bei denen ein 'höheres Interesse der Kunst oder Wissenschaft obwalte', oder nicht (§ 55; in der Novelle von 1883 weiter ausgebildet: §§ 33 a, 33 b). Auch hier war der Gedankengang nicht etwa der, daß man diese Gesetzesstellen durchgesehen und auf Grund dessen proklamiert hätte, höhere Tätigkeiten der Wissenschaft und der Kunst unterständen nicht den Gewerbegerichten; dieses wäre eine unmögliche Interpretation gewesen, da diese Gesetzesstellen von andern Dingen handelten. Der Gedankengang war vielmehr auch hier: ohne Disputation waren alle einig, daß, wer von Gewerbe spricht, eben nicht von der Ausübung dieser wissenschaftlichen oder künstlerischen Tätigkeiten spreche. Und nur zur Bestätigung führte man an, daß auch der Gesetzgeber schon einmal bei anderer Veranlassung einen solchen Unterschied anerkannt habe. Der Nachhall der artes liberales war so stark, daß er im Sprachempfinden der so verschieden zusammengesetzten Bestandteile des Gewerbegerichts sich mit Übereinstimmung geltend machte. So gelangte man zu einer Abgrenzung, die zwar niemals kodifiziert worden ist, als deren leitende Grundsätze für die Umgrenzung der Freien Berufe man aber doch mit ziemlicher Sicherheit folgende drei Sätze feststellen kann. 1. Es fällt darunter die übliche Betätigung studierter Leute. Also wenn eine große Fabrikations-Aktiengesellschaft sich einen eigenen Juristen als Syndikus hält, so fällt er als Angehöriger der Freien Berufe nicht unter 'Gewerbe'; ebensowenig ein Arzt, den etwa eine Fabrik ganz in ihre Dienste nimmt, jener eben erwähnte Fabrik-Chemiker usw. usw. Dabei hat die Erweiterung der studierten Berufe auch die entsprechende Erweiterung des Personenkreises gebracht. Wie man den Chemiker von der Technischen Hochschule nicht anders stellen konnte als den von der Universität, so auch die Berufe, die erst mit den jüngeren Hochschulen entstanden waren, vorausgesetzt, daß ihre Tätigkeit eine ebenso wissenschaftliche war. — 2. Für die Kunst stand eine Abgrenzung nach dem Bildungsgang wie dem der studierten Leute nicht in derselben Art zur Verfügung. Einen Tätigkeitskreis, von dem man sagen könnte, er komme normalerweise nur dem studierten Maler zu, gab es nicht. Aber wo für ein Handwerk und eine Kunst derselbe Ausdruck geblieben war, zeigte sich die sprachliche Abwandlung doch als ausreichend. Der Maler als Anstreicher und der Maler als Porträt-, Landschafts-, Historien- oder Genremaler waren zwei verschiedene Berufe. Bildhauer bezeichnete einen Künstler; den Handwerker nannte man Holz- oder Steinbildhauer. Übrigens gab auch hier die Ausbildung meistens einen Anhalt für die Beurteilung, ob es sich um ein 'höheres Interesse der Kunst' handelte. — 3. Ein gewisses Empfinden sprach dafür, Betätigungen, die im täglichen Verkehr jenen beiden gleichgestellt wurden, ebenfalls zu den Freien Berufen zu rechnen. Das Hauptbeispiel dafür war der Schriftsteller im Zeitungsdienst.

So bestand der städtische Gewerbebegriff zum zweitenmal die Feuerprobe[26]. Auch in den Gewerbegerichten stand die Bedeutung von 'Gewerbe' im Sprachempfinden fest: Handel eingeschlossen, Landwirtschaft und Freie Berufe ausgeschlossen.

Wiederum um die Jahrhundertwende kam ein Standardwerk der deutschen Philologie auf unser Begriffswort zu sprechen. Die große Akademie-Bearbeitung des Grimmschen Wörterbuchs war bei dem Buchstaben G angelangt. Hermann Wunderlich, dem die Bearbeitung übertragen wurde, hatte nicht nur die vorbereitenden Exzerpte der Akademie aus der gesamten Literatur vom 15. bis zum 19. Jh. zur Verfügung, sondern eigene umfangreiche Sammlungen, die insbesondere auch die Gesetzessprache berücksichtigten. Nach jahrelanger Arbeit ist hier der Artikel Gewerbe entstanden, der, über einen gewöhnlichen Lexikonbeitrag hinausgehend, einer Monographie in Buchform gleichkommt[27]. In der nationalökonomischen, juristischen und technischen Literatur gibt es keine Arbeit, die sich mit dem dort so viel gebrauchten Wort so verständnisvoll befaßt, wie dieser philologische Beitrag. Das, was Wunderlich als den mittleren Begriff des Wortes bezeichnet, stellt den gemeinen deutschen Sprachgebrauch dar und deckt sich mit dem, was wir historisch als den Gewerbebegriff städtischen Lebens auffanden. Zwar wird unterhalb desselben auch der Gewerbebegriff der Nationalökonomen,

[26] In meinem Buche 'Sozialpolitik und Verwaltungswissenschaft' (Berlin 1902, I, S. 426—440) ist ein eigener Abschnitt der Aufzählung der damaligen Streitfragen gewidmet, um zu beweisen, daß die Gesetzgebung besser täte, bestimmte Grenzen zu ziehen. Damit steht die obige Darstellung nicht in Widerspruch. Im Gegenteil: je weniger die Gesetzgebung getan hat, um dem beständig sich erneuernden Personal der Gewerbegerichte Vorschriften zu geben, desto mehr beweist die übereinstimmende Praxis für das Vorhandensein eines festen Sprachempfindens.

[27] J. und W. Grimm, Deutsches Wörterbuch. IV, 1. 3. Bearb. v. H. Wunderlich. (Leipzig 1911.) Sp. 5478—5532.

der nur die Stoffverarbeitung betrifft, sorgfältig verfolgt; um so mehr, da die Techniker (an dem Handel nicht interessiert), wenn sie von Gewerbe sprechen, nur die Stoffverarbeitung im Auge haben können. Und außerdem wird (oberhalb des mittleren Begriffs) ein ausgeweiteter Gewerbebegriff erwähnt, in welchem Gewerbe von Erwerb noch nicht geschieden ist, ja sogar bewußt über alles hinausgeht, was in diesen Vorstellungskreis fällt ('sich aus etwas ein Gewerbe machen'). In diesem Teil müssen aus philologischen Rücksichten auch jene für uns nicht zur Sache gehörenden, aus einem älteren Stadium stammenden Anwendungen berücksichtigt werden, die mit 'werben', 'Wirbel' und dergleichen zusammenhängen; wie es ja überhaupt im Wesen philologischer Wortforschung liegt, auf die Vollständigkeit der Wortanwendungen Gewicht zu legen und daher veraltete, seltene, abnorme Anwendungen besonders hervortreten zu lassen. Wenn trotz aller dieser philologisch notwendigen Registrierungen Wunderlichs mittlerer Begriff der beherrschende bleibt, so liegt darin eine desto wertvollere Bestätigung.

Zusammenfassend: Gewerbe, ursprünglich mit Erwerb verschwistert, hat seine Bedeutungsprägung im städtischen Erwerbsleben durch den Gegensatz zum ländlichen (landwirtschaftlichen) erhalten. In der älteren Zeit der deutschen Städtegeschichte wird das Wort auf die Tätigkeit der in Handwerk und Handel organisierten bürgerlichen Gesellschaft der Zünfte und Gilden bezogen, neben der die artes liberales, die studierten Leute und ähnliche Berufe, eine Sonderstellung einnehmen. Nach Aufkommen einer vom Handwerk gesellschaftlich geschiedenen Großindustrie umfaßt der städtische Gewerbebegriff Handwerk, Großindustrie und Handel; außerhalb desselben verharren die aus den artes liberales in größerer Ausdehnung hervorgegangenen Freien Berufe in unbestimmter Umgrenzung, aber im Sprachempfinden geschieden. Die Ausdrucksweise, die Gewerbe auf Stoffverarbeitung einengt (Handwerk und Fabrikation), ist (von Ausnahmen abgesehen) auf die Terminologie der Nationalökonomen beschränkt geblieben.

III. Gewerbesteuer[28].

Die heutigen europäischen Staaten fanden im Zeitalter der Ausbildung ihrer Finanzverfassung eine Belastung des Bodens bereits vor. Mochten es Reste privatwirtschaftlicher Abgaben sein, oder vorübergehende Auferlegungen, die nachher zur Gewohnheit wurden, oder ein Recht des Eroberers, oder gar ein (wirkliches oder vermeintliches) allgemeines Bodenregal: jedenfalls wurde zu den öffentlichen Bedürfnissen in irgendeiner Art der Grundbesitz herangezogen. Fast die ganze europäische Steuergeschichte dreht sich um zwei Punkte: die rationellere Ausgestaltung jener Bodensteuern und die Heranziehung anderer Objekte.

Dem zweiten Punkte gehört unser Thema an. Bei zunehmender wirtschaftlicher Entwicklung mußte der Landesherr merken, daß die Basierung der Abgaben auf den Boden ihm die fettesten Bissen entgehen ließ. Und in der Ratspolitik der Städte, die sich auch nicht darauf beschränkten, den Hausbesitz heranzuziehen, fand er ein Eingeständnis des neuen Reichtums. Wie die städtischen Magistrate, so suchten auch die Fürsten einzelne Gewerbe heraus, die ihnen geeignet schienen, Lasten zu ertragen. In Form von Mahl- und Schlachtsteuern wurde das Müller- und das Schlächtergewerbe belastet, oder es wurden auf diese auch feste Beträge gelegt, monatlich und vierteljährlich zu entrichten. Namentlich suchte man solchen Gewerben Abgaben aufzuerlegen, bei denen man sich moralisch trösten konnte, falls sie wirklich die Last nicht ertragen konnten und sich verminderten: Braue-

---

[28] Die Literatur zur GewSt. ist eben jetzt zweimal neu zusammengestellt worden: ausführlich von K. Bräuer in Gerloff-Meisels Handbuch der Finanzwissenschaft 2 (1927), S. 1—3, 32/3; in Auswahl von K. Th. v. Eheberg in der 4. Aufl. des 'Handwörterbuch der Staatswissenschaften' 4 (1927), S. 1100; Jastrow, s. u. Anm. 102; im Erscheinen: 2. Aufl. von Lotz' Finanzwissenschaft. Das Historische noch immer am besten in Ad. Wagners Finanzwissenschaft Bd. 3 (1889), haupts. S. 42—120. — Sämtliche preußischen Gesetze in den älteren Jahrgängen der 'Gesetzsammlung'.

reien, Gast- und Schankwirtschaften. Ferner besonders lockende Gewerbe, wie die Gold- und Silberschmiede, oder an einzelnen Orten solche, die den Hauptstock des örtlichen Gewerbes bildeten und als Vertretung desselben gelten konnten, wie zuweilen die Tuchmacher, die Gerber u. a. Daneben gab es einen zweiten Weg, an die Steuerfähigkeit der Gewerbe heranzukommen: die Besteuerung ihrer Rohstoffe oder ihrer Erzeugnisse. Diese beiden Wege hat man im Auge, wenn man im 18. Jh. von 'Gewerbesteuern' spricht, oder wenn man sagt, daß sie in einer 'Akzise' enthalten seien. Der 'Gewerbesteuer' dieser Zeit ist wesentlich, daß einzelne Gewerbe ausgewählt werden [29]. Der Hintergrund einer solchen Gewerbesteuer-Verfassung ist die gesellschaftliche Gliederung des bürokratisch beherrschten Ständestaats, der jeden im Lande betriebenen Gewerbszweig sozusagen persönlich kennt und sich zutraut, sachgemäß auswählen zu können.

Dieser Hintergrund wurde durch die Französische Revolution weggerissen. Das Gesetz über Einführung der Gewerbefreiheit (von 1791) gestattete jedem Bürger, sich auf jede ihm gut scheinende Art zu ernähren und setzte statt aller bis dahin bestandenen Konzessionen, Erlaubnisse, Bewilligungen usw. lediglich die Lösung eines Gewerbescheines, der ihm (abgesehen von bestimmten gesetzlichen Hindernissen) nicht versagt werden durfte. Für dieses 'Patent' und seine Verlängerung hatte er alljährlich eine Abgabe zu entrichten: contribution des patentes. Der Sinn der Gewerbefreiheit war, daß sie im System der Grundrechte aller Bürger ihren Platz haben, oder vielleicht zutreffender ausgedrückt: daß sie zu allen Grundrechten die notwendige Ergänzung bilden sollte. Es war der Gedanke, daß keine der neuen politischen Freiheiten dem Bürger etwas nützen könne, wenn nicht die Freiheit, sich zu ernähren, dazu käme. Im Gegensatz zu der vorangegangenen auf Einzelregelung gerichteten Regierungsweise mußte also dieses Gesetz die Tendenz haben: jeden Nahrungszweig zu ergreifen. Bei dieser Tendenz gab es nicht viel Schwierigkeiten in der Abgrenzung. Die Gewerbefreiheit war für die Bürger eine

---

[29] Von dem Deutschland des 18. Jh., mit seinen Hunderten oder (wenn man die Ritterschaften mitzählt) Tausenden von Steuerverfassungen, zu sagen, daß es eine Steuerart nicht gekannt habe, ist zwar immer gewagt. Aber auf eine Autorität wie Justi hin darf man es wagen. Justi wurde an Kenntnis der Steuerverfassungen seiner Zeit von niemandem übertroffen. Er sagt ausdrücklich, daß er eine allgemeine GewSt als wirklich vorkommend nicht kenne ('meines Wissens': Staatswirtschaft, 2. Aufl. [Leipzig 1755], II, S. 353, § 260. Ja, er nennt die allgemeine GewSt geradezu seine Erfindung (System des Finanzwesens, Halle 1766, S. 469); wiewohl ihm nicht unbekannt ist, daß es Länder gibt, die eine Steuer auf alle Gewerbe legen; diese sei aber in Wahrheit kopfsteuerartig.

Befreiung von unerträglich gewordenen Fesseln; und die neue Steuer trat ins Leben als Bestandteil einer Wohltat. Was das Ziel jeder Steuerverfassung sein muß, den Staat an den privaten Wirtschaften teilnehmen zu lassen, wurde hier auf dem natürlichen Wege erreicht, daß diese Teilnahme aus der neuen Gewerbeverfassung von selbst hervorging.

Sichtbar ist die Annahme des revolutionären Gedankens in den Napoleonischen Gründungen auf deutschem Boden. Aber ebenso auch in dem groß gedachten preußischen Versuch, dem zusammengebrochenen Staat durch die neue Freiheit neue Lebenskraft einzuimpfen: ein Edikt vom 27. Oktober 1810 sprach das Prinzip der Gewerbefreiheit aus, und ein Edikt vom 2. November führte jene Steuer für alle ein, die von der Wohltat des freien Gewerbebetriebs Gebrauch machten. Nach dem Umfange der Gewerbe wurden sechs Steuerklassen mit verschiedener Höhe der Belastung gebildet. Diese GewSt, ein Kind der Revolution, war in der deutschen Steuerverfassung etwas Unerhörtes. Die Frage, welche städtischen Gewerbe besonders geeignet seien, eine Steuer zu tragen, war weggeschwemmt durch den viel weiter reichenden Gedanken, auf jede erwerbende Tätigkeit jedes Menschen eine Steuer zu legen. Wenn man eine Tätigkeit wie die Landwirtschaft ausnahm, so geschah es, weil sie ihre Steuer ohnedies schon trug. Das Gesetz gab sich zwar Mühe, eine möglichst große Reihe von Gewerben ausdrücklich aufzuführen und zu regeln, bestimmte aber allgemein, daß die nicht aufgeführten deswegen nicht steuerfrei seien. Das Gesetz bediente sich eines schon damals veralteten Sprachgebrauchs, in welchem Erwerb und Gewerbe noch ungeschieden waren. — Inwieweit dieses Gesetz praktisch durchgeführt wurde, ist historisch noch nie untersucht worden. Nach zehn Jahren (obgleich darunter drei abnorme Kriegsjahre) war man sich schon darüber einig, es abzuschaffen. Das GewStG von 1820 kehrte im Prinzip zu der alten Art zurück, die Besteuerung auf die Gewerbe zu beschränken, die im Gesetz ausdrücklich genannt wurden. Da hierunter so weitgehende Benennungen waren, wie Handwerk und Handel (zu dem auch damals schon die in kaufmännischen Formen betriebene Fabrikation gerechnet wurde), so war sachlich die Ausdehnung weit genug. Der formale Unterschied in der Begrenzung hatte zur Folge, daß es in diesem Gesetz weder nötig, noch auch nur möglich war, die Landwirtschaft als Ausnahme zu nennen. Wie das Gesetz von 1810 für den untergegangenen Sprachgebrauch des Wortes Gewerbe, so ist das von 1820 für den fortlebenden ein Sprachdenkmal. Möglicherweise gehört der Zusammenbruch des preußischen Gesetzes von 1810 (und ähnlicher in andern deutschen Staaten) mit zu den Gründen, die ungefähr in dieser Zeit die sprachliche Differenzierung zwischen Erwerb und Gewerbe endgültig machten. Um die Steuer leichter tragbar zu gestalten, wurde für die meisten Gewerbe in einem geistreich erdachten System von Steuergesellschaften und Mittelsätzen den Pflichtigen selbst die Möglichkeit gegeben, die geschuldete Last unter sich nach starken und schwachen Schultern zu verteilen.

Von hier an gabelte sich in Deutschland die steuerliche Entwicklung. Die süddeutschen Staaten suchten die steuerfähigen Objekte, die weder durch die Grund- noch durch die GewSt getroffen wurden, durch andere Steuern zu erreichen. Es waren dies hauptsächlich Kapitalzinsen und Arbeitslöhne. Wenn man die Erträge aus Grundbesitz, Gewerbebetrieb, Kapitalbesitz und Arbeit, jede mit ihrer Steuer traf, so hatte man alle Erträge gefaßt, die es im Lande gab. Da es aus steuertechnischen Gründen richtiger ist, aus der Grundsteuer die Häuser herauszunehmen und einer eigenen Gebäudesteuer zu unterwerfen, so ergab sich ein System von fünf 'Ertrags'-Steuern: Grund-, Gebäude-, Gewerbe-, Kapitalsrenten- und Lohnsteuer. — In dem größten Teile Norddeutschlands vermehrte man die Zahl der Ertragssteuern nicht, trennte aber auch hier von der Grund- die Gebäudesteuer und kam so auf drei Ertragssteuern: Grund-, Gebäude- und Gewerbesteuer. Von diesen drei Steuern wurde die große Mehrzahl der Bevölkerung nicht (oder sicher nicht in allen Teilen ihrer Steuerkraft) erfaßt. Daher suchte in Preußen die Gesetzgebung die Erfassung der ganzen Bevölkerung im Wege einer allgemeinen Steuer zu erreichen. Gleichzeitig mit der GewSt von 1820 wurden für die Gesamtbevölkerung fünf Wohlhabenheits-Klassen festgesetzt und je nach der Zugehörigkeit zur Klasse einem jeden Einzelstehenden oder Haushaltungsvorstand eine monatliche Steuer auferlegt (in der untersten 1—3 Groschen, in der obersten 20 oder 42 Taler). Da die Zugehörigkeit zu einer Klasse der Bevölkerung nicht die ganze Steuerkraft bezeichnen kann, die Steuer sich vielmehr nach den schwächsten Mitgliedern der Klasse richten muß, so lenkte sich in den folgenden Jahrzehnten die Aufmerksamkeit der Theoretiker auf England, wo für eine allgemeine Personalsteuer ein Merkmal gefunden war, das jedes Individuum nach seiner Tragfähigkeit ergriff: das Einkommen. Nach diesem Merkmal hatten in der Bedrängnis der Napoleonischen Kriege auch Kontinentalstaaten gegriffen, wie nach einer bei der Not der Zeit entschuldbaren Maßregel. Aber England hatte aus der Not der Zeit eine Tugend gemacht und nach mehreren Anläufen, auch teilweise verwickelten Gestaltungen, doch eine Steuer geschaffen, die die einigermaßen Wohlhabenden nach der Höhe ihres Einkommens heranzog. Dem Plan einer allgemeinen Einkommensteuer gegenüber war der deutsche Liberalismus geteilt. Auf die einen wirkte das anerkannt liberale Musterland England, sowie die Berührung mit der Smithschen Nationalökonomie, die überhaupt das Volkseinkommen in den Mittelpunkt wirtschaftlicher Betrachtung stellte. Die andern standen (wie in vielen Dingen) unter dem Einfluß des französisch gefärbten Liberalismus, der, um die Sphäre des Individuums gegen behördliche Einmischungen zu schützen, sich zu jeder Steuer feindlich stellte, die in die Wirtschaftsverhältnisse des einzelnen eindringen mußte. Während Sachsen in seiner neu eingeführten Ständeversammlung eine Einkommensteuer im Prinzip annahm (1834), lehnte das erste preußische Parlament, der Vereinigte Landtag von 1847, eine solche Regierungsvorlage ab. Mit den konservativen Kammern von 1851 vereinbarte die preußische Regierung eine Vorlage, die man, wenn man Geschriebenes und Ungeschriebenes zusammennimmt, wohl als ein Kompromiß bezeichnen kann. Da auf dem Lande der feudale Landrat in seiner Machtfülle bestehen blieb, so fühlte sich der Gutsbesitz, der damals in den Kammern die Verfügung über die Mehrheit erlangt hatte, vor der Gefahr, mit seinem Einkommen angemessen herangezogen zu werden, sicher; um so mehr, da nach den Anschauungen der Zeit ohnedies eine tunliche Unterschätzung der Einkommen als erlaubtes, ja beinahe gebotenes Wohlwollen der Behörden galt, und da das neue Gesetz sie sogar anwies, „jedes lästige Eindringen in die Vermögens- und Einkommensverhältnisse der einzelnen Steuerpflichtigen zu vermeiden". Mit diesen Vorbehalten wurde eine 'Klassen- und klassifizierte Einkommensteuer' eingeführt, die wenigstens für Einkommen über 1000 Taler 3% als Steuer festsetzte.

Was war neben einer so ausgebildeten allgemeinen Personalsteuer der Sinn einer besonderen GewSt? Mit dieser Frage haben sich die Steuerzahler wenig beschäftigt. Dazu waren die Sätze zu bescheiden. Die kleinsten Gewerbetreibenden, die 1 oder 2 Taler jährlich zu zahlen hatten (in der Regel in monatlichen Hebungen), litten an des Lebens Not im allgemeinen, klagten zwar über diese Steuer nicht weniger, als über jede, aber auch nicht mehr. Für die großen Gewerbtreibenden (und man war allmählich in das beginnende Zeitalter der Großbetriebe und der Aktiengesellschaften eingetreten) konnte sie nur selten auf mehr als 100—200 Taler jährlich gelangen, und diese (wie auch schon die meisten mittleren) hatten weit eher ein Interesse, über die Steuer zu schweigen, als mit Klagen wegen Doppelbesteuerung die Aufmerksamkeit auf die Geringfügigkeit der Erträge zu lenken. Weswegen auf die Gewerbe eine besondere Steuer gelegt werden sollte, war in dieser Zeit eine Frage von mehr theoretischem Interesse. Bei der Schwierigkeit, mit der Einkommensteuer das wirkliche Einkommen zu erfassen, sah man in einer Gewerbesteuer, die sich an die äußere Erscheinung des Betriebes und seines Umfanges halten konnte, eine gewisse Korrektur. Auch erblickte man (trotz der Gebäudesteuer!) in ihr ein notwendiges städtisches Gegenstück zur Grundsteuer. Bei andern wirkte die Anschauung mit, daß, wenn man in dieser Art die Gewerbe besteuerte, man neben dem Einkommen das Kapital traf. Noch andere bestritten der GewSt in der Tat die Existenzberechtigung. — Sowohl mit der Einkommen- wie mit der GewSt suchte die Miquelsche Steuerreform von 1891 ernst zu machen. In die ESt wurden die Überreste der Klassensteuer einbezogen und von 900 Mark aufwärts eine Besteuerung, steigend von 2/3 bis zu 4%, eingeführt, ferner von 3000 Mark aufwärts die Pflichtigen zur Steuererklärung gezwungen, die Vorschriften gegen 'lästiges Eindringen' abgeschafft (allerdings auf dem Lande der Landrat als geborener Vorsitzender belassen). Die GewSt wurde so reformiert, daß in den drei untersten Klassen ungefähr ½—1%, in Klasse I durchweg 1% des Ertrages erhoben wurde (bei allzu geringen Erträgen auch Veranlagung unter Berücksichtigung des Betriebskapitals). In dieser Verfassung glaubte man, die Steuer allen Gewerben auferlegen zu können. — Jetzt hatte die preußische GewSt ihren Sinn verloren. Nicht einmal der letzte der früheren Gründe, daß man auf diese Art neben dem Einkommen das Kapital treffen könne, war noch stichhaltig. Denn da kein Zweifel bestand, daß neben dem Einkommersteuer- auch ein Vermögenssteuer-Gesetz ergehen werde (das unter dem etwas verschämten Namen einer Ergänzungssteuer in der Tat erging), so war mit diesen beiden Steuerformen, allenfalls mit einigen Abwandlungen, jede Möglichkeit gegeben, sowohl die Erträge, wie das angelegte Kapital im Gewerbe ausreichend heranzuziehen. Nachträglich aber hat die preußische GewSt gleichwohl wieder einen Sinn erhalten. In der Fortsetzung des Reformwerkes (1893) überwies der Staat diese GewSt den Gemeinden. Für die Gestaltung der Gemeindesteuern seien andere Gründe maßgebend, als für die staatlichen. Das Verhältnis von Leistung und Gegenleistung, gegenüber dem staatsbürgerlichen Gedanken heute in den Hintergrund gedrängt, habe der Gemeinde gegenüber eine gewisse Bedeutung behalten. Aus der Eröffnung eines gewerblichen Betriebes, der eine Arbeiter- und Angestelltenschar in den Ort zieht, können der Gemeinde neue Schul-, Arbeiter-, Straßenverbesserungs- und andere Lasten erwachsen; aus diesem Grunde glaubt man, neben der Steuer, die der Gewerbtreibende wie jeder städtische Einwohner trägt, ihm noch eine besondere Steuer nach dem Umfang auferlegen zu können, ohne Rücksicht darauf [30], ob der Ertrag in seine Tasche fließt oder in die Tasche des Kapitalisten, dem er Zinsen zu zahlen hat (denn die Kosten für die Gemeinde seien die gleichen). Ferner hat veranlagungstechnisch die Gemeinde häufig mit einer Schwierigkeit zu kämpfen, die im Staat oder wenigstens im Großstaat seltener eine Rolle spielt: daß nämlich infolge Verschiedenheit des Betriebssitzes und des Wohnsitzes ihr gewissermaßen nur ein Teil der Persönlichkeit angehört. In solchen Fällen müsse so häufig mit fingierten Teil-Persönlichkeiten (Forensen) operiert werden, daß es praktisch erscheine, für die Gemeinde die Zahl dieser Fälle durch eine GewSt, die sich objektiv an den Betrieb als solchen hält, zu vermindern und leichter durchsichtig zu machen.

Das Miquelsche GewStG von 1891 stellte für das Wort Gewerbe keine Definition auf, und man zweifelte nicht daran, daß das Wort im Sinne des gemeinen deutschen Sprachgebrauchs gemeint war [31], wie ja auch die GO es so gemeint hatte. Die Aufzählung (§ 4) der Tätigkeiten, deren GewStFreiheit ausdrücklich anerkannt wurde, paßte ebenfalls zu dem Gewerbebegriff des Sprachgebrauchs und der GO. Auch daß die ministerielle Ausführungsanweisung keine Anleitung zu einer Begriffsumgrenzung brachte, konnte nicht anders aufgefaßt werden, als ein Einverständnis mit einem vorausgesetzten Sprachempfinden.

Aber sofort nach der Ausführungs-Anweisung erschien der ausführliche Kommentar von Fuisting, damals Vortragendem Rat im Finanzministerium, der folgende Definition aufstellte [32]:

---

[30] Dieser Punkt muß im Auge behalten werden, wenn der Unterschied zwischen der GewSt als einer Ertragssteuer einerseits und der Einkommensteuer andererseits in seiner praktischen Bedeutung erfaßt und nicht durch Auseinandersetzungen über das (wirkliche oder vermeintliche) Wesen der Ertragssteuern in den Hintergrund gedrängt werden soll. Für das Verständnis der Fragen, die uns beschäftigen, genügt es, zu wissen: daß bei der Einkommensteuer die geschuldeten Zinsen für fremdes Kapital abgesetzt werden, bei der Gewerbesteuer nicht. [31] s. o. S. 18, 33.

[32] Fuisting, Das preußische GewStG v. 24. Juni 1890 usw. Berlin, C. Heymann, 1893, S. 51.

„Unter 'Gewerbe' versteht man eine mit der Absicht auf Gewinnerzielung unternommene selbständige berufsmäßige und erlaubte Arbeitstätigkeit, welche sich als Beteiligung am allgemeinen wirtschaftlichen Verkehr darstellt."

Woher Fuisting diese dem Sprachgebrauch ins Gesicht schlagende Definition hatte, sagte er nicht[33]. Es war eine Ausdehnung des Wortes Gewerbe auf das gesamte Erwerbsleben, eine begriffliche Gleichstellung aller Erwerbszweige, wie sie unter dem Einfluß der Französischen Revolution vor hundert Jahren einmal in Preußen versucht und gescheitert war. Niemals wieder war ein Versuch gemacht worden, auf diese Ausweitung zurückzukommen. Wenn früher aus anderem Anlaß das OVG mit der Materie beschäftigt war und auf ein Plädoyer mit der wunderlichen Einseitigkeit gestoßen war, im Prinzip jede Erwerbstätigkeit unter 'Gewerbe' bringen zu wollen, hatte es mit Entschiedenheit betont: „daß ein Grundsatz von dieser Allgemeinheit weder in der Gesetzgebung, noch in der Wissenschaft oder Praxis irgendeinen Anhalt findet"[34]. Und soeben noch bei Übernahme der Rechtsprechung in Staatssteuersachen hatte es gewissermaßen programmatisch bei diesem Worte jede bindende Merkmals-Definition für unmöglich erklärt[35]. Aber Fuistings Kommentare zu den Miquelschen Steuergesetzen waren — wie so oft die Ausgaben der Ministerial-Dezernenten — die einzigen, die das Material beherrschten und übersichtlich geordnet zu den einzelnen Paragraphen darboten. Sie waren in aller Händen und genossen Ansehen. Als Fuisting im Jahre 1894 in das OVG berufen wurde, und zwar sofort als Senatspräsident, war angesichts

---

[33] Allerdings gibt er (S. 51—66) in einer umfangreichen Anmerkung zu jedem der von ihm genannten Merkmale Belege. Allein dies trifft nicht das Wesen der Sache. Die Belege zu jedem einzelnen Merkmal, sie mögen noch so überzeugend sein, beweisen nur (negativ), daß, wenn das Merkmal fehlt, ein Gewerbebetrieb nicht vorliegt. Daß aber (positiv), wenn alle Merkmale vorhanden sind, ein Gewerbebetrieb vorliege, steht beweislos in der Luft. Nicht einmal den Gerichtsurteilen, die er anführt, ist es darum zu tun, einen Gewerbebegriff aufzustellen, sondern nur die Notwendigkeit bald des einen, bald des andern Merkmals zu betonen, selbst wenn sie, ausholend oder einleitend, sich definitionsähnlich ausdrücken, ohne die Absicht, etwas anderes als Negatives daraus zu folgern. Dies gilt auch von dem OVGUrteil v. 30. März 1889 (Entsch. 17, 252), das F. zwar ganz richtig nur zu dem Merkmal 'Arbeit' anführt, das aber, an die Spitze gestellt und eingerückt, den Eindruck erweckte, als ob es um einer Definition willen angeführt sei.

[34] Urteil v. 1. April 1887 (OVG 15, S. 45).

[35] „Für alle Fälle zutreffend und allgemein die Merkmale zu bezeichnen, nach deren Vorhandensein oder Nichtvorhandensein der Tatbestand eines Gewerbebetriebes zu bejahen oder zu verneinen ist, das erscheint bei der unendlichen Vielseitigkeit und Mannigfaltigkeit der in Betracht kommenden Lebensverhältnisse einerseits und bei dem Mangel einer gesetzlichen Bestimmung des Begriffs 'Gewerbebetrieb' andrerseits nicht tunlich." (Urteil v. 5. Juni 1893: OVG St. 1, S. 395/6.)

der Überlastung mit Streitsachen aus den neuen Steuergesetzen dem Steuersenat durch Gesetz von 1893 eine eigene Verfassung gegeben. Diese ermöglichte eine Teilung in Kammern und eine Entscheidung in einem Dreimänner-Gericht. Ein Präsident, der mit dem Ansehen eines Spezialisten auftrat und von seinen überlasteten zwei Beisitzern schwerlich einen siegreichen Widerstand zu fürchten hatte, beherrschte nach dem neuen Gesetz seine Kammer, und von hier aus, vermöge des horror pleni, auch die andern. Wie sich der Einfluß allmählich ausgewirkt hat, ist im einzelnen nicht festzustellen, da die gedruckten Urteile immer nur einen winzigen Teil der ergangenen darstellen. Es scheint, daß die neue Definition nur einem Zwecke dienstbar gemacht wurde, dem sachlich niemand zu widersprechen brauchte. Wenn ein Betrieb für nicht-gewerblich erklärt werden mußte, weil er noch nicht einmal die Anforderungen erfüllte, die selbst die neue Definition noch stehen ließ, so lag kein im Augenblick zwingender Anlaß vor, sich gegen ihre Anführung in der Begründung zu sperren; eine lediglich negative Verwendung, die von ihrer Anerkennung zu einem positiven Zweck wesentlich verschieden war. Immerhin die neue Definition kam, wenn auch zunächst nur an Stellen, an denen sie überflüssig war, in Urteilen des Gerichtshofes vor, und in einer zweiten Auflage seines Kommentars fügte Fuisting der früher beweislos hingestellten Definition einige Zitate aus OVGUrteilen hinzu. Allerdings ist es schwer, durch das Gestrüpp dieser zum Teil irrigen oder nichtssagenden Zitate sich hindurchzufinden [36]. Als aber das OVG sich nunmehr auf diese Stelle bei Fuisting berief [37], war der Ring geschlossen, und das OVG glaubte an seine 'ständige Judikatur'. Obgleich also keine Präsidenten-Diktatur in die Erscheinung trat, die Herrschaft vielmehr in der liebenswürdigen Form der Suggestion geübt wurde, so bedarf es doch einer Erklärung, wie ein derartiger Vorgang — Einführung einer gedehnten Definition für den grundlegenden Begriff eines Gesetzes, zumal eines Steuergesetzes — unbemerkt bleiben konnte. Es gibt in den Zeitverhältnissen einen Grund, der zur Erklärung beitragen kann. Die Miquelsche Steuerreform von 1891 und 1893 ist jene Zeit der ersten Durchführung des

---

[36] Fuisting 2. Aufl. (1900), S. 6. Von sechs angeführten Stellen aus Entscheidungen des OVG ergeben fünf überhaupt nichts auf die Materie Bezügliches (auch Versuche, mit Hilfe des Registers die Seitenzahlen zu verbessern, waren vergebens), oder sie boten die Definition nicht. Die einzige, die die Definition bietet (5. Mai 1898: OVG St 7, S. 421), ist eine jener bloßen Negativ-Verwendungen. — In der 3. A. (1906) sind zwei Stellen hinzugekommen, ebenfalls nur negativ.

[37] 6. Febr. 1901: OVG St 6, Febr. 1901.

Gewerbegerichts-Gesetzes, in der die Frage, welche Personen der GO unterstehen, häufige Erörterungen herbeiführte [38]. Daß dieser Personenkreis nicht derselbe war, der Gewerbesteuern zahlen sollte, schien klar zutage zu liegen. Denn im Vordergrunde jener Erörterungen stand ja damals die Masse der Arbeiter, während die GewSt nur von Unternehmern (also einem kleinen Teile der gewerblichen Bevölkerung) zu zahlen ist. Darüber hinausgehend, spielte die GO in diesen Jahren eine andere Rolle, als zur Zeit ihrer Einführung, wo sie die reichsgesetzliche Festlegung der Gewerbefreiheit brachte und die Magna Charta des Unternehmertums sein sollte. Jetzt waren Debatten über die GO in der Regel Debatten über einen Arbeiterschutz, und die GO (Titel VII) schien die Magna Charta der Arbeiter zu werden. Da es außerdem zunächst [39] von Streitigkeiten über den Gewerbebegriff der GO wimmelte, so hieß man den (formalrechtlich nicht bestreitbaren) Satz willkommen, daß die GO an sich für das Steuerrecht nicht bindend sei; daß man damit zugleich den gemeinen deutschen Sprachgebrauch auch opfern könnte, brachte man sich nicht zum Bewußtsein. Da ein Gewerbebegriff aus der nationalökonomischen Terminologie nicht in Betracht kam [40], so war ein Vakuum vorhanden, das jemand nur zu besetzen brauchte, um Alleinherr zu sein: res nullius cedit occupanti. Auch machten sich praktische Schädigungen durch den ausgeweiteten Gewerbebegriff zunächst nicht geltend. Denn die größten Kategorien (z. B. Landwirtschaft!) waren durch ausdrückliche Geesetzesbestimmungen gegen Angriffe gefeit; und den Behörden stand der Sinn nicht, auf Kleinwild Jagd zu machen, da sie auf lange Zeit hinaus mit der Einfahrung der Gesetze zu tun hatten und kaum die notwendigen Veranlagungen bewältigen konnten. Es dauerte lange, bis die örtlichen Veranlagungsbehörden merkten, daß es eine Definition gab, nach der die GewSt Personen auferlegt werden konnte, die man nie als Gewerbtreibende empfunden oder bezeichnet hatte.

Um die Wende vom 19. zum 20. Jh. haben die meisten deutschen Staaten ihre frühere Steuerverfassung dem sächsisch-preußischen System angeähnelt [41]. Durch das EStG des Reiches von 1920 (Erzberger) ist ein gemeines deutsches EStRecht geschaffen worden. Gleichzeitig hat die Revolution durch Veränderung des Wahlrechts und der Beamtenernennung den Verschiedenheiten der Einschätzung in Land und Stadt die Voraussetzungen entzogen. Die Steuerschiebungs-

[38] o. S. 37. [39] S. 21. [40] S. 18.

[41] In der vorliegenden Abhandlung ist als Beispiel stets die preußische Gesetzgebung genommen.

und Steuerflucht-Erscheinungen, die wir in der Nachkriegszeit erlebt haben, dürfen nicht darüber hinwegtäuschen, daß sie durch Eifer und Übereifer der Behörden sowie durch eine früher unbekannte Beherrschung der Nachprüfungs-Technik zuweilen überkompensiert sind. — Nachdem die ESt eine Reichssteuer geworden war (die durch Herauszahlung Länder und Gemeinden speist), wurde auch für die der Landes-Gesetzgebung verbliebenen Steuern eine einheitliche reichsrechtliche Grundlage geschaffen (Landessteuer-Gesetz von 1920, seit 1923 unter dem Namen Finanzausgleichs-Gesetz). Danach gehört die GewSt zu den Steuern, die der Landes-Gesetzgebung weiter unterstehen. Die Länder können sie den Kommunen überlassen. Preußen hat dies (in Bestätigung des schon bestehenden Zustandes) getan; die Kleinstaaten sind an sich kommunalen Verwaltungen ähnlich; in den Mittelstaaten entwickelte sich ein schwer zu rechtfertigender Zustand. Aber derartige mehr prinzipielle Auseinandersetzungen traten zurück gegenüber der tatsächlichen Entwicklung der GewSt und der Schwierigkeit, innerhalb des reichsrechtlich gelassenen Rahmens noch ergiebige Steuern zu ersinnen. Die schützenden 'Relationen' zwischen den Steuerarten waren weggefallen, die ESt unbeweglich geworden, Zuschläge zu Grundsteuern wegen des Einflusses auf die Mieten gefürchtet. Bei der (unter dem neuen Wahlrecht verschärften) Konkurrenz der Parteien in den Anforderungen an die Gemeinden nahmen diese ihre Zuflucht immer mehr zur GewSt: sie wollten von der GewSt leben. Zuerst infolge der Inflation, nachher infolge der Deflation stiegen die Sätze der GewSt. Zwar liegt bisher noch keine umfassende Statistik vor; auch würde die Kompliziertheit der neuen Gewerbesteuern einen Vergleich mit früheren Zeiten sehr erschweren. Aber das fünffache des Steuer-Simplums (also statt des jetzigen gesetzlichen Simplums von ½—2% des Ertrages: 2½—10%) ist schon keine Ausnahme mehr, und vereinzelt hört man vom zehn- und fünfzehnfachen [42] (das würde, wenn die Angaben korrekt sind, beim Höchstsatz bis zu 30% des Ertrages gehen). Je drückender die GewSt wurde, je weniger Aussicht auf ihre Beseitigung sich zeigte, desto mehr wurden die Bedrückten der Hoffnung zugetrieben, mit einer Vermehrung der Steuerpflichtigen werde sich die Last vielleicht senken oder wenigstens der Druck auf Abschaffung sich verschärfen. Aus der Ungerechtigkeit der Steuer leiteten sie ein Argument für ihre

[42] In der Landtagssitzung v. 19. März (Sp. 4960) erwähnte der Abg. Mohrbotter (Dtsch. Frakt.) 'Zuschläge' v. 1200—1600% (gemeint ist das 10—16fache des Simplums), und zwar nicht der Lohnsummen-, sondern (anscheinend) der Ertragssteuer. Vgl. die folgende Anm.

Ausdehnung ab. Diese Bewegung fand eine Handhabe an jener uferlos erweiterten Definition des Wortes Gewerbe. Da in den schwersten Zeiten die parlamentarische Gesetzgebung in Verfall geriet, und im Zeitalter der Notverordnungen tatsächlich die Verwaltung die Gesetze machte, so drang auf diese Art jene Definition auch in eine solche preußische Notverordnung ein (1923), die ohne öffentliche parlamentarische Beratung eine neue GewStVerfassung einführte [43]. Sie nahm zwar aus dem aufgehobenen Gesetz die GewStFreiheiten herüber, aber ihnen wurde durch jene zum Gesetz erhobene Definition eine andere Nuance gegeben. Es sah aus, als ob sie zu Ausnahmen degradiert, als ob sie Privilegien seien. Vielleicht war die Absicht, daß die neue Definition die Beweislast verschieben sollte. Während früher die Behörde, die jemanden zur GewSt heranziehen wollte, beweispflichtig dafür war, daß das, was der Mann trieb, ein Gewerbe sei, mutete sie jetzt dem Steuerpflichtigen zu, nachzuweisen, daß seine wirtschaftliche Tätigkeit kein Gewerbe sei. Dies wurde das Signal zu einem Ansturm. Gemeinden und Finanzämter studieren heute Adreß- und Telephonbücher, unterhalten einen Fahndungsdienst auf Büroschilder, lassen Probepfeile fliegen auf GewStfreie Personen, damit, wenn erst einmal ein kleiner Betrag gutwillig gezahlt ist, darauf gegründet in späteren Jahren die Veranlagung nach voller Strenge des Gesetzes folgen könne. Je weiter auf diese Art der Kreis der GewStZahler wächst, desto weiter der Kreis der Interessenten, die von dem Übel, das sie bedrückt, keine andere Rettung mehr sehen, als daß durch Erweiterung des Druckes ihnen Bundesgenossen zugeführt werden, deren Kampfesmut aus Erbitterung quillt.

Ein Teil dieses Ansturms ist der Begriff auf die Freien Berufe.

---

[43] Diese Notverordnung v. 23. Nov. 1923 (GS, S. 519), mehrfach ergänzt, ist dann durch das GewStÜberleitungsG v. 15. Okt. 1925 (GS, S. 135) befristet worden und sollte mit dem 31. März 1926 ablaufen. Tatsächlich ist es alljährlich verlängert worden und gilt heute (bis 31. März 1930) in der Fassung v. 8. Mai 1929; neueste Fortsetzungen s. u. S. 77 u. Anhang B (Kommentare: Anhang A). — Diese neue GewSt. soll, wie die alte, eine Steuer vom Ertrage sein; aber daneben müssen die Gemeinden eine Steuer entweder nach dem Kapital oder nach der Lohnsumme erheben. Die Steuer-Simpla sind: für die ErtragsSt $\frac{1}{2}$—2%; für die KapitalSt $\frac{1}{2}$—$\frac{2}{3}$‰; für die LohnsummenSt 1‰.

IV. Freie Berufe und Gewerbesteuer.

Nachdem der Entwicklungsgang der GewSt gezeichnet ist, kann daraus für jedes Stadium die Lage der Freien Berufe entnommen werden.

1.

Da dem älteren deutschen Steuerrecht, auch noch das 18. Jh. hindurch, der Gedanke einer einheitlichen Steuer auf die Erträge aller Gewerbe fehlte, so konnte die Frage, ob unter eine solche die Freien Berufe fallen würden, nicht auftauchen. Umgekehrt war mit dem Einbruch der französischen Steueridee in die preußische Gesetzgebung von 1810 eine so allgemeine Steuer auf jeden ernährenden Beruf geschaffen, daß, wie alle andern, so auch die Freien Berufe darunter fielen; wie denn das Gesetz Berufe anführte, die sich auf eine erlernte Wissenschaft und Kunst gründeten, darunter die Rechtsanwälte (unter dem Namen Justizkommissarien) und Ärzte. Wir haben gesehen[44], wie dieser allgemeinen Erwerbssteuer infolge ihrer Verbindung mit der schlagwortmäßig beliebten Gewerbefreiheit nach einem schon damals verwelkten Sprachgebrauch der Name einer 'Gewerbesteuer' gegeben wurde. Menschenalter hindurch hat sich in den preußischen Ministerien die Tradition erhalten, daß unter den Gründen des Zusammenbruchs dieser sogenannten GewSt sich auch die Unmöglichkeit befand, dem Sprachempfinden die Einbeziehung von Leuten wie Rechtsanwälten und Ärzten aufzuzwingen[45]. Da das Gesetz von 1820 formell zu der alten Tradition

[44] s. o. S. 41. [45] Noch bei Beratung des Miquelschen Gesetzes von 1891 hat auf den Vorschlag, die neue GewSt auch auf Rechtsanwälte und Ärzte auszudehnen, der Regierungskommissar im Hinblick auf das Gesetz von 1810 erwidert, man habe die damalige Einbeziehung der Rechtsanwälte und Ärzte „unter dem Druck der öffentlichen Meinung, welche diese Besteuerung ablehnte, 1820 wieder fallen lassen müssen". (Kommissionsbericht zum GewStG in den Anlagen zu den Stenograpischen Berichten des Landtages 1890/91 II Nr. 70, S. 1184r.)

zurückkehrte, die pflichtigen Erwerbszweige zu benennen[46], so konnte es durch die Weite der Benennungen mit den Worten Handwerk und Handel, einschließlich kaufmännisch betriebener Großindustrie, tatsächlich alles der Steuer unterwerfen, was als 'Gewerbe' anzusprechen war, und trotzdem vermöge bloßen Stillschweigens die Freien Berufe zweifellos draußen lassen. Bei befestigtem Sprachgebrauch auch in der Gesetzessprache konnte 1891 die Miquelsche Steuer-Gesetzgebung den formalen Standpunkt aufgeben und sich als Ziel setzen, alle Gewerbe, aber nur Gewerbe, zu treffen. Indem sie ihr Wort Gewerbe undefiniert ließ, wagte sie steuertechnisch nicht mehr als schon 1869 polizeilich die GO gewagt hatte, und ihr standen außerdem die mit dem Sprachgebrauch der GO bereits gemachten günstigen Erfahrungen zur Seite. Wie in der GO an der Aufzählung der Tätigkeiten, die nicht unter sie fallen sollen, sich eine Betätigung jenes vorschwebenden Sprachgebrauchs zeigt, so auch an dem GewStG von 1891. Mit dem einzigen Unterschiede, daß dieses Gesetz uns die Arbeit erleichtert. Es gruppiert nämlich die Aufzählung der Tätigkeiten, die keine GewSt zahlen sollen, in zwei unterschiedene Paragraphen. § 3 enthält in der Hauptsache Betriebe, die eine gewerbliche Tätigkeit entfalten, aber trotzdem frei sein sollen (Betriebe des Reiches, gewisse Betriebe der Kommunalverbände usw.); § 4 hingegen Tätigkeiten, die deswegen frei bleiben müssen, weil sie nicht Gewerbe sind[47]. In diesem

---

[46] s. o. S. 41. [47] Zu besserer Übersicht wird im folgenden das Skelett der §§ 3—5 gegeben:

Befreiungen:

§ 3. Von der GewSt sind befreit:

1. Das Deutsche Reich [und der Preußische Staat].
[2. Die Reichsbank.]
3. 4. pp.

§ 4. Der GewSt unterliegen nicht:

1. Die Land- und Forstwirtschaft, die Viehzucht ...
[2. Die landwirtschaftlichen Brennereien ...]
3. Der Bergbau.
4. Die Ausbeutung von Torfstichen ...
5. Der Handel außerpreußischer Gewerbtreibender
   a) auf Messen und Jahrmärkten,
   b) mit Verzehrungsgegenständen des Wochenmarkt-Verkehrs aus Wochenmärkten.
6. Der Betrieb von Eisenbahnen, welche der Eisenbahn-Abgabe ... unterliegen.
7. Die Ausübung ... (s. o.)

§ 5. Der GewSt sind ferner nicht unterworfen: Vereine, eingetragene Genossenschaften und Korporationen, welche nur die eigenen Bedürfnisse ihrer Mitglieder pp.

§ 4 befindet sich die für uns in Betracht kommende Ziffer 7. Indem der Entwurf unter dieser Ziffer aufzählte:

§ 47. „Die Ausübung eines amtlichen Berufes, der Kunst, einer wissenschaftlichen, schriftstellerischen, unterrichtenden oder erziehenden Tätigkeit, insbesondere auch des Berufes als Arzt ... als Rechtsanwalt"

fügte er als Begründung [48] dieser GewStFreiheit lediglich ihre Selbstverständlichkeit hinzu:

„Die unter Nr. 7 bezeichneten Erwerbszweige gehören, nach der die preußische Gesetzgebung von jeher beherrschenden Auffassung, sowie nach der allgemeinen Volksanschauung überhaupt nicht zu den Gewerben und sind hier lediglich aufgeführt worden, um etwaigen Mißdeutungen vorzubeugen."

Dem klar gefaßten und klar begründeten § 4 [7] begegnete in der Kommission eines jener parlamentarischen Mißgeschicke, in denen erfolgreiche Petitionen oder persönliche Vorstellungen etwas Neues durchsetzen und an die unrechte Stelle anflicken. Die Gewerbebetriebe der Geometer, in einigen Gegenden Land-, in andern Feldmesser, die unter Tage tätigen Markscheider genannt, setzten es — wie, weiß man nicht — durch, daß ihnen einstimmig GewStFreiheit bewilligt wurde. Statt diese Gewerbebetriebe in den § 3 zu bringen, stellte man sie in den § 4 und gab ihnen hier nicht einmal eine besondere Nummer, sondern hängte sie an die Nr. 7 an, die gerade damit begründet war, daß sie nur Tätigkeiten zusammenfasse, die selbstverständlich nicht Gewerbe seien und niemals als solche betrachtet wurden [49]. So entstand der Schluß der Nummer:

„als vereideter Land- und Feldmesser, sowie als Markscheider".

Die Anordnung läßt erkennen, daß § 5 (eine vielerörterte politische Streitfrage) außerhalb des Systems der Befreiungen steht. Dieses wird durch den Gegensatz der beiden vorangehenden Paragraphen gebildet: solche Betriebe, die „befreit" werden, obgleich sie Gewerbebetriebe sind (oder, wenn man das vorzieht: auch wenn sie Gewerbebetriebe sind) (§ 3), und solche, die „der GewSt nicht unterliegen", weil sie nicht Gewerbebetriebe sind (§ 4). Hierbei sind 1—4 als Urproduktion dem Gewerbe entgegengesetzt (wegen 3 s. o. Anm. 15); 5 und 6 sind zwar Gewerbe; aber das eine will der Gesetzgeber als nicht-preußisch, das andere als schon besteuert behandeln; 7 ist unsere Kategorie.

[48] Drucks. des Abgeordneten-Hauses 1890/91, Nr. 13, zu § 4 [7].

[49] eb., Drucks. Nr. 70, zu § 4. 7: „Doch fand ein Antrag, den steuerfreien Berufen auch denjenigen der Feldmesser und Markscheider beizufügen, einhellige Zustimmung. Zur Begründung des Antrages wurde ausgeführt, daß Markscheider und Feldmesser wegen der von ihnen abzulegenden Staatsprüfungen, der über dieselben ausgeübten staatlichen Kontrolle und Disziplinargewalt, sowie endlich wegen ihrer öffentlichen Glauben beanspruchenden Urkunden gleichzuachtenden Kartierungen den Beamten zu vergleichen und wie diese von der GewSt zu befreien seien." Also die

Sieht man von diesem nachträglichen Zusatz ab, so gibt sich die Ziffer 7 als ein Versuch, statt des Begriffs Freie Berufe die Berufsgruppen zu setzen, die herkömmlich in ihm enthalten sind. Hierbei bedient sich der Gesetzgeber zweier verschiedener Mittel der Bestimmung: das eine materieller, das andere formaler Art. Materiell nennt er fünf Ausübungen

„der Kunst, einer wissenschaftlichen, schriftstellerischen, unterrichtenden oder erziehenden Tätigkeit",

formal den

„amtlichen Beruf" [50].

Das heißt, es braucht eine Tätigkeit nur eine der beiden Bedingungen zu erfüllen, sie braucht nur entweder ihrem Inhalt nach eine wissenschaftliche pp. Tätigkeit oder ihrer Form nach einen amtlichen Beruf darzustellen, so war sie schon dadurch der GewSt entzogen. Obgleich daher die Gruppierung nach zwei überschneidenden Merkmalen erfolgt und rein logisch nicht ganz leicht zu bewältigen war, so reichte sie doch praktisch aus. Mit der GO hatte das GewStG gemein, daß die Frage, was Gewerbe ist, dem Sprachempfinden überlassen war, und dieses mit ausreichender Sicherheit auf Handwerk, Großindustrie und Handel reagierte. Aber in der Frage, was nicht Gewerbe ist, hatte das GewStG einen formalen Fortschritt gemacht, indem es sowohl landwirtschaftliche Tätigkeiten, als Freie Berufe durch Aufzählungen klarer stellte.

Eine Änderung trat ein, als im Verwaltungswege durch eine neue Definition [51] die preußische GewSt zu einer allgemeinen Erwerbssteuer mit gewissen Ausnahmen umgedichtet wurde. Um die Jahrhundertwende in einzelnen Anläufen, dann in dem Steuerhunger der Nachkriegszeit in beständiger Steigerung, setzte eine Arbeit des Steuerausdehnens und Ausnahme-Verengerns ein. Die alten Athener erzählten eine Geschichte von einem Räuber an der Straße nach Eleusis, der den vorüberziehenden Wanderer in ein Bett schleppte; war er für das Bett zu groß, so

Kommission bestritt nicht, daß sie hier Gewerbtreibende (GO § 36) von der GewSt befreite, sondern stützte sich nur auf gewisse Ähnlichkeiten mit den Beamten; diese sind aber bei anderen 'Halbbeamten' (s. u. Anm. 112, S. 118) der GO auch vorhanden.

[50] Da die GewSt nur solche Personen trifft, die ihre erwerbende Tätigkeit selbständig ausüben, so kann sie schon aus dem Grunde auf Beamte mit Gehalt nicht angewandt werden. Heute ist der Notar wohl das einzige wichtige Beispiel eines nur auf Sporteln gesetzten Beamten. Hingegen gibt es Berufe, die amtlich sind, ohne daß ihr Träger Beamten-Charakter hat. Anm. 112.

[51] s. o. S. 45—47.

hackte er ihm die Gliedmaßen ab; war der Mann zu klein, so zog er mit Hämmern und Dehnen die Glieder auseinander, bis der Tod eintrat. Dieser Strecker ('Prokrustes') wurde schließlich von dem Gründer des attischen Staates, von Theseus, totgeschlagen. Das ist die Geschichte vom Dehnen und Pressen der GewSt und GewStFreiheit. Wo aber ist der Theseus, der den Gewalttätigen totschlägt? Er erscheint nicht; Prokrustes sitzt selbst in den Staatsbehörden. — Der alte gesetzliche Sachverhalt war einfach gewesen: Leute, die kein Gewerbe betreiben, sollten keine GewSt zahlen. Der Sachverhalt nach der neuen Definition war schwer durchsichtig. Da seien Leute, deren Tätigkeit unter das falle, was man jetzt als Gewerbe definiere, und die trotzdem keine GewSt zahlen, weil das Gesetz ihnen eine Ausnahme bewilligt habe. War es eine Ausnahme, so konnten die Gegner aller Steuerbefreiungen von dem souveränen Gesetzgeber verlangen, daß er sie beseitige. Zuerst machten sich solche Bestrebungen in kleineren Staaten geltend. Als im Jahre 1912 Bremen seine Firmensteuer in eine GewSt umwandelte, war diese auch den Ärzten auferlegt worden; ähnliches scheint in Lübeck geschehen zu sein. In Ländern, in denen es keine ausdrücklichen gesetzlichen Bindungen gab, suchte man, im Verwaltungswege nach der neuen Definition vorzugehen. Hierfür war Sachsen ein besonders günstiger Boden, den in der Tat beide Teile für eine Entscheidungsschlacht großen Stils zum Kampfplatz nahmen. Hier hatte nämlich der Staat, als er, allen deutschen Ländern vorangehend, sich zur allgemeinen Besteuerung nach dem Einkommen bekannte [52], die Konsequenz gezogen, die GewSt ganz abzuschaffen. Hier gab es also für eine Gemeinde, die eine GewSt einführte, keine Bindung an ein staatliches Vorbild. Diese seine Freiheit entdeckend, versuchte der Rat der Stadt Dresden im Jahre 1922 die städtische GewSt auf Ärzte anzuwenden. Die ärztlichen Kreis- und Bezirksvereine in Sachsen haben damals in ihrem Korrespondenzblatt [53] den Kampf durch Veröffentlichung von Muster-Einsprüchen [54] zum Massensturm entfaltet. Es gelang ihnen in der Person von Professor Schanze (Dresden) einen angesehenen Juristen als Gutachter über die Frage zu gewinnen, ob der Rat befugt sei, seine eigene 'Gewerbe'-steuer-Ordnung umzuinterpretieren und auf Personen anzuwenden, die nach allgemeinem Sprachgebrauch nicht Gewerbtreibende sind. Aber noch bevor das Gutachten fertig war, war die sächsische Gesetzgebung dem Rat zu Hilfe gekommen,

[52] s. o. S. 43. [53] Dresden, Buchdruckerei Klemich 93 (1922).
[54] eb., S. 76/77. 192/3.

indem sie für die Vergewaltigung des Sprachgebrauchs das fehlende staatliche Vorbild schuf. Bei Gelegenheit der eben jetzt zur Einführung gelangenden staatlichen GewSt entschloß sich Sachsen, das, was in Preußen Verwaltungs-Interpretation war, in das Gesetz selbst aufzunehmen: „Als Gewerbebetrieb gilt jede fortgesetzt auf Gewinnerzielung gerichtete selbständige Tätigkeit“[55]. Ja, im Gesetz selbst wurde die Ernsthaftigkeit dieser Spannweite proklamiert, indem die Anwendung auf Landwirtschaft (!) und Freie Berufe durch ausdrückliche Anführungen zweifelsfrei gestellt wurde. Die Folge war nicht, daß der Gutachter zurückwich, sondern im Gegenteil, daß er seiner Arbeit ein breiteres Ziel gab. Er behandelte die ihm vorgelegte Frage als ein Problem des deutschen Staats- und Verwaltungsrechts überhaupt und prüfte die Kollision mit den reichsrechtlichen Vorschriften (sog. 'LandessteuerG' des Reiches), so daß der Schlußsatz seines umfangreichen Gutachtens

> „Das staatliche GewStG ist auf die Ärzte nicht anzuwenden, weil seine Ausdehnung auf diese in Widerspruch mit dem LandessteuerG[56] steht“,

inhaltlich eine Ungültigkeits-Erklärung aller deutschen Landesgesetze war, die eine 'Gewerbe'steuer auf Tätigkeiten ausdehnen wollten, die nicht Gewerbe sind. Obgleich das Gutachten nur in dem Vereinsorgan erschien[57], so gab die Umsicht, mit der jeder mögliche Grund für und gegen geprüft, als Stütze für das eigene Votum aber nur das Sicherste behalten wurde, dem Gutachten ein autoritatives Ansehen. Der sächsische Landtag wollte eine Steuer nicht auf eine Grundlage stellen, die mit so schwerem Geschütz beschossen wurde. Schon in der Novelle vom 14. Juli 1923[58] wurde in der Aufzählung der Freien Berufe an Stelle der Steuerpflicht die Steuerfreiheit gesetzt. Es blieb also im Gesetz eine Definition stehen, die inhaltlich das Reichsgesetzwidrige in sich schloß, und man begnügte sich damit, das wegzuschneiden, woran die Gesetzwidrigkeit in Erscheinung trat. Dieser Ausgang erschien der preußischen Regierung nicht so unrühmlich, daß sie der Versuchung widerstanden hätte, ihn nachzuahmen. Als nämlich noch in demselben Jahre die Inflation den Springflut-Grad erreichte, bei dem

[55] GewStG v. 6. Okt. 1921 (Sächs. GBl, S. 319), §§ 3. 4.

[56] so hieß das damalige Reichsgesetz (heute FAG).

[57] (oben Anm. 53), S. 213—27 (heute vergriffen, aber wieder abgedruckt bei Bewer: s. u. Anhang A).

[58] Sächs. GBl 1923, S. 273. — In dem heute gültigen GewStG v. 30. Juli 1926 (Sächs. GBl, S. 173) ist endlich auch die Landwirtschaft herausgenommen.

eine Regierung in der Parlaments-Pause es wagen konnte, auf Grund des Notstand-Artikels im Verordnungswege sogar ein Steuergesetz durchzudrücken, nahm sie das sächsische Ergebnis zum Muster. Einerseits ließ sie die (in Preußen ja schon vorhandene) Bestimmung über die GewStFreiheit der Freien Berufe bestehen. Andrerseits benutzte sie die unkontrollierte Gelegenheit, wo sie die Klinke der Gesetzgebung in der Hand hielt, um die gewalttätige Definition, wie sie in der Verwaltung ersonnen war, in den Bau [59] des Gesetzes hineinzuschleudern. Dadurch gab sie dem in der Hauptsache [60] unverändert gelassenen Paragraphen eine veränderte logische Position, ihr eine Art gesetzlicher Weihe verleihend. Wenn früher sein Sinn war, daß die Freien Berufe keine GewSt zahlen, weil sie keine Gewerbe sind, sollte dem jetzt die Umdeutung auferlegt werden, daß die Freien Berufe unter den (ausgeweiteten) Begriff des Gewerbes fallen, ihnen aber die Befreiung als Ausnahme bewilligt werde. Nachdem man so in Preußen der von jeher bestandenen natürlichen Stellung der Freien Berufe nachträglich die Gehässigkeit einer Ausnahme angehängt hatte, nahm man in den kleinen Staaten den Versuch, eine derartige Ausnahme zu beseitigen, mit gesteigerter Standhaftigkeit auf. Im Jahre 1924 gab sich Mecklenburg-Schwerin ein solches Gesetz, in den beiden folgenden Jahren stellte Lübeck den Wortlaut fest. In einer Reihe deutscher Staaten gab es eine Agitation, die Freien Berufe der GewSt zu unterstellen.

Diese Vorgänge spielten sich innerhalb der Landes-Gesetzgebungen ab. Die Reichs-Gesetzgebung hatte zunächst mit unserm Thema nichts zu tun. Sie kam zwar zuweilen auf Freie Berufe zu sprechen. Aber auch abgesehen davon, daß es nur aus Anlaß anderer Steuern geschah: es geschah überhaupt nicht, um eine Steuerpflicht zu bejahen oder zu verneinen, sondern nur, um für eine (an sich zweifellose) Steuerpflicht die Rubriken festzustellen, in denen das Veranlagungs-

---

[59] Denn ein solcher blieb bestehen. Zwar ist die preußische GewSt v. 29. Nov. 1923 nicht mehr eine, sondern drei Steuern, indem sie neben ErtragsSt eine KapitalSt und (zur Auswahl neben dieser) eine LohnsummenSt kennt. Für unsern Zweck kommen aber die beiden letzteren fast gar nicht in Betracht. Wir haben es hier mit der GewSt als einer Steuer vom Ertrage in ununterbrochenem historischen Zusammenhang — 1820, 1891, 1923 — zu tun.

[60] Hinter den Ärzten wurden die Dentisten eingefügt. Diese sind einerseits nicht studierte und approbierte Medizinalpersonen, andrerseits trotz GO § 29 seit der Reichs-Versicherungsordnung (§§ 122. 302. 407) in gewissem Umfange zu amtlichen Funktionen zugelassen, und zwar weil man glaubte, die zahnärztliche Versorgung, namentlich in kleineren Orten, mit Approbierten allein nicht durchführen zu können. Es besteht hier also ein ähnlicher Zustand, wie ehemals in dem Verhältnis von Wundärzten und Ärzten. Dem Vernehmen nach ist eine Neuregelung mit gleichmäßiger Vorbildung beabsichtigt.

geschäft sich vollziehen solle. Dies ist dreimal geschehen[61]. Als das Reich im Jahre 1920 die allgemeine Reichs-Einkommensteuer schuf (Erzbergersche Steuerreform), legte es einen so allgemeinen Einkommensbegriff zugrunde, daß (abgesehen von personellen und geographischen Abgrenzungen) Einzelbestimmungen über diese Steuerpflicht nicht nötig waren. Nur zum Zweck der Rubrizierung (Einkommen aus Grundbesitz, Gewerbebetrieb, Kapitalvermögen, Arbeit, Sonstiges Einkommen) wurden den Behörden Einzelanweisungen gegeben. Diese konnten zwar zuweilen ein nach Rubriken verschiedenes Schätzungsverfahren und dadurch in gewissen seltenen Fällen eine verschiedene Steuerhöhe bewirken. Aber auf diese mögliche Wirkung wurde so wenig Gewicht gelegt, daß das Reich in der Rubrik Arbeitseinkommen nach einer (ungeordneten, weil gleichgültigen) Beispielsammlung geistiger Tätigkeiten keinen Anstand nahm, den sonst von der Gesetzgebung gemiedenen unklaren Sammelnamen folgen zu lassen: „und der Ausübung anderer Freier Berufe"[62]. — Als Ende 1923 beim Übergang von den Inflationswellen zur festen Rentenmark das Reich, um zu sorgfältigen Veranlagungen zurückzukehren und doch inzwischen Geld in die Kassen zu leiten, Vorauszahlungen auf die ESt einführte, wurde ein allgemeiner Berechnungsmodus vorgeschrieben,

---

[61] Daß die Erwähnung der Freien Berufe in der RGesetzgebung schon mit dem UmsatzsteuerG v. 1918 begonnen habe, ist ein Irrtum. Es ist zwar richtig, daß nach diesem Gesetze die Freien Berufe von der Umsatzsteuer frei waren, und daß sie nach dem Gesetze v. 1919 ihr unterliegen sollten. Aber im Wortlaut beidemal stillschweigend. Die UmsatzSt v. 1918 war eine Erweiterung der WarenumsatzSt v. 1916 und hielt sich wie diese innerhalb des geschäftlichen Lebens (landwirtschaftliche und gewerbliche Betriebe). Damit waren die Freien Berufe frei. Die von 1919 umfaßte „gewerbliche oder berufliche Tätigkeit"; damit waren die Freien Berufe pflichtig. Schon die Freilassung der kleineren Jahresumsätze bis 6000 Mark bei „Privatgelehrten, Künstlern und Schriftstellern" (§ 3[5] in der geltenden Fassung vom 8. Mai 1926, RGBl I, S. 220) war aus dem Bewußtsein hervorgegangen, daß die Durchführung schwierig sein würde, und heute ist es ein offenes Geheimnis, daß auch innerhalb dieser Grenzen der Versuch gleichmäßiger Heranziehung praktisch gescheitert ist und scheitern mußte, wenn nicht die Finanzverwaltung sich mit mehr Kosten belasten sollte, als die gleichmäßige Heranziehung einbringen konnte. Trotzdem kann es sein, daß die Befürchtungen und Abwehrversuche 1918/9 den häufigeren Gebrauch der Bezeichnung Freie Berufe in Gang gebracht haben. Ja Popitz' Kommentar dürfte die erste ausführliche steuerrechtliche Durchsprechung des Begriffes gewesen sein (2. Aufl., 1921, S. 174 bis 180, — in der 3. nur stark gekürzt). — Auch sonst kommen die von uns behandelten Ausdrücke im Reichsrecht und seiner Interpretation vor, und zwar immer so, daß daraus für unser Thema nichts gefolgert werden kann. Vgl. Strutz, Handbuch des Steuerrechts, Berlin 1927, S. 166/7, 338—402, namentlich S. 339 (mit dem dort zitierten Wink des RFH 14, S. 19, dem die Begründung zum RBewG, S. 35, Erfolg zu wünschen schien), 741, sowie den Anm. 96 zitierten Aufsatz.

[62] EStG v. 29. März 1920 (RGBl I, S. 363, § 9, 2), heute gültig in der noch sorgloseren Fassung v. 10. Aug. 1925 (RGBl I, S. 196, § 35, 1).

für das gewerbliche Einkommen jedoch ein besonderer. Bei dem allgemeinen wurden wiederum Rubriken gebildet, darunter: „aus Freiem Beruf und anderer selbständiger Arbeit". Hier konnte zwar der Unterschied zwischen gewerblichem und allgemeinem Modus zuweilen erheblich abweichende Ergebnisse liefern; und bei der Geldknappheit (die ja im Wesen der Geldreform lag) war es niemandem gleichgültig, wieviel er vorauszuzahlen hatte. Aber das Gesetz schuf eine umfangreiche Kategorie von Tätigkeiten, die den Freien Berufen gleichgestellt wurden und gab der Verwaltung das Recht zu weiteren Gleichstellungen. Außerdem bestand kein Andrang zur Einreihung in die Freien Berufe, da nach den verwickelten Bestimmungen[63] Unsicherheit darüber herrschte, ob diese Einreihung eine geringere oder eine größere Vorauszahlung zur Folge haben würde. Sobald die Rückkehr zu ordnungsmäßiger Veranlagung für ein Jahr durchgeführt war, hatte von da an jedes Jahr am vorangegangenen einen ausreichenden Anhalt für Vorauszahlungen; Gesetzgebung und Verwaltung konnten auf jene Unterscheidungen verzichten, noch bevor der eingestreute Ausdruck 'Freie Berufe' zu weitgehenden Angriffen auf seine Unbestimmtheit führen konnte. — Auch bei dem dritten Anlaß, als im Jahre 1925 das Reich daranging, für seine Vermögenssteuer zur Bewertung von Vermögensobjekten einheitliche Grundsätze aufzustellen, die auch für andere Steuern (sei es des Reiches, sei es der Länder) bindend sein sollten, handelte es sich nicht um Feststellung von Steuerpflichten und Steuerfreiheiten, sondern wiederum nur um Rubrizierungen. Wenn daher auch dieses RBewG eine Beziehung zur GewSt gewann, wo die Verfassung dieser 'Ertragssteuer' gestattete, als Neben-Merkmal die Höhe des Kapitals zu berücksichtigen[64], so wurde doch nirgends in die Entscheidung der Frage eingegriffen, ob das geschehen solle. Dieses Gesetz unterscheidet: landwirtschaftliches, Betriebs-, Grund- und sonstiges Vermögen. Hierbei ordnet es an, daß Vermögens-Gegenstände im Betriebe eines Freien Berufs ebenso wie die im Betriebe eines Gewerbes unter Betriebsvermögen einzuschätzen sind, wenn es sich nicht um einen „der reinen Kunst oder der reinen Wissenschaft gewidmeten Freien Beruf" handelt. Da das Gesetz nur eine Anweisung für die Behörden sein sollte, wie sie die Rubrizierungen vorzunehmen haben, so legte man auf die gesetzgeberische Erklärung der 'reinen' Kunst oder Wissenschaft kein Gewicht, sondern überließ es dem Verwaltungschef

---

[63] Zweite Steuer-Notverordnung v. 19. Dez. 1923 (RGBl, S. 1205, §§ 5, 7b, 8).

[64] s. o. Anm. 43, 59.

zu bestimmen, was darunter falle, gab ihm auch hier das unbegrenzte Recht, Gewerbegruppen den Freien Berufen gleichzustellen und beseitigte für die große Mehrzahl der Freiberuflichen jede Gefahr, indem man Beträge bis 6000 Mark stets vor der Versetzung ins Betriebsvermögen bewahrte [65]. Als die Durchführungsbestimmungen erschienen, in denen der Minister die Behörden anwies, wann sie eine Tätigkeit als der 'reinen' Kunst und Wissenschaft gewidmet ansehen sollten [66], regte sich zwar zunächst einiger Widerspruch. Aber man beruhigte sich schnell. Daß die Verschiedenheit der Bewertungs-Grundsätze auch eine erhebliche Verschiedenheit der Wert- und der Steuerhöhe herbeiführen könnte, scheint nicht häufig vorkommen zu können (soweit der verworrenen und verwirrenden Ausdrucksweise die Kommentatoren bisher einen Sinn abgewinnen konnten). Daß alle Unterscheidungen und Gleichsetzungen lediglich zu praktischen Zwecken erfolgten, der allgemeine Sprachgebrauch aber, wonach die Freien Berufe keine Gewerbe sind, auch dem RBewG vorschwebte, darüber ließ das Gesetz selbst keinen Zweifel [67].

Obgleich also die RGesetzgebung sich mit der GewStPflicht der Freien Berufe nicht beschäftigt hatte, so übte doch auf die bestehende Bewegung die bloße Tatsache einen Einfluß, daß in den Debatten des Reichstags der Ausdruck 'Freie Berufe' eine Rolle gespielt hatte. Was der Reichstag unter 'reiner' Kunst oder Wissenschaft verstanden habe, wußte niemand zu sagen. Ja, der Reichstag selbst nahm für sich nicht in Anspruch, damit etwas Bestimmtes gemeint zu haben, da

---

[65] RBewG v. 10. Aug. 1925 (RGBl I, S. 214), § 26. — Durchführungsbestimmungen vom 14. Mai 1926 (RGBl I, S. 227), §§ 9 u. 10. — Kommentar von Erler und Koppe (nebst Ergänzungsband, enthaltend Durchführungsbestimmungen), Berlin, Industrieverlag Spaeth & Linde, 1925—1926. — Systematische Darstellung von Strutz in dem unter seiner Leitung stehenden Handbuch des Steuerrechts (3. Aufl., eb. 1927), hauptsächlich S. 166/7. — Sowohl für Betriebs-, wie für sonstiges Vermögen verweist das RBewG im Prinzip auf die Vorschriften der AO über die Bewertung nach dem gemeinen Wert (für jenes ausdrücklich: § 31; für dieses, wenn nicht alles trügt, stillschweigend: § 40, Abs. 1). Es können also Verschiedenheiten nur dadurch entstehen, daß entweder die Abweichungen von dem Prinzip (Ertragswert) verschieden geregelt, oder die Aufzählung der Steuerobjekte Verschiedenheiten zur Folge hat. Ob solche Fälle praktisch so oft vorkommen, daß es lohnte, eine derartig verwickelte Anordnung zu treffen, scheint zur Zeit niemand zu wissen. [66] s. vorige Anm.

[67] Wenn das RBewG im § 26, Abs. 1, dreimal sich der Ausdrucksweise bediente, 'ein Gewerbe oder ein Freier Beruf', so war damit gesagt, daß Freie Berufe nicht Gewerbe sind. Daran wurde nichts geändert, wenn der Kürze halber „gewerblicher Betrieb" als gemeinschaftlicher Ausdruck für beide Kategorien eingeführt, übrigens als bloßer terminus technicus kenntlich gemacht wurde. — Doch vgl. o. Anm. 61, namentlich Ende.

es für den Aufbau des Rubrizierungs-Gesetzes nicht wichtig war und dem Minister überlassen werden konnte. Trotzdem suchte die Agitation, insbesondere aus dem RBewG neue Nahrung zu ziehen. Nicht nur, daß die irrige Meinung sich verbreitete, die RGesetzgebung betrachte die Freien Berufe als Gewerbe [68]. Es wurde namentlich ausgenutzt, daß hier eine Unter-Kategorie, „die der reinen Kunst oder der reinen Wissenschaft gewidmeten Freien Berufe" ausgesondert war; so, als ob damit ausgesprochen sei, daß die große Masse der Freien Berufe sich vom Gewerbe nicht unterscheide. Von jetzt ab fingen die Bewegungen in den Ländern an, sich als Bewegungen zur naturgemäßen Erweiterung der GewSt zu fühlen. Aber sie standen dabei selbst noch unter dem Einfluß des Sprachgebrauchs, den sie ignorierten. Da wurde im folgenden Jahre, zur Beschwichtigung aller Einwände gegen Einbeziehung der Freien Berufe in den Gewerbebegriff, in Lippe-Detmold eine Erfindung gemacht: den Namen der Steuer zu ändern und sie 'Gewerbe- und Berufssteuer' zu nennen. Gleichzeitig zog Braunschweig die Freien Berufe heran. 1927 folgte Oldenburg, und im Jahre 1928 entschloß Hessen sich zu der Gewaltaktion, obgleich man schon mit einem kommenden Reichs-Rahmengesetz rechnete und das Gesetz nur für das bevorstehende Rechnungsjahr zu erlassen wagte. Den gesetzgeberischen Erfolgen gingen nicht bloß in andern kleineren Ländern Vorstöße zur Seite, sondern im Jahre 1929 wurde ein solcher Vorstoß auch im Preußischen Landtag gemacht und damit zum erstenmal die Frage vor ein großes Parlament gebracht. Der Verlauf dieses neuesten Angriffs und sein vorläufiger Abschluß bieten den einzigen Anhalt zur Urteilsbildung über die mutmaßliche Stellung der Parteien in nächster Zeit. Diese Urteilsbildung ist durch das Dunkel erschwert, das über einen Teil der Vorgänge gebreitet worden ist. Darum dürfen wir es uns nicht verdrießen lassen, hier auf die Einzelheiten einzugehen, aus denen allein Rückschlüsse möglich sind.

2.

Aus Anlaß des üblich gewordenen Jahresgesetzes zur Verlängerung der GewSt-(Not-)Verordnung wurde im Hauptausschuß des preußischen Landtags angeregt,

---

[68] Vielleicht spielte hierbei die Vorstellung mit, daß schon in dem Worte „Betriebsvermögen" die Anerkennung liege, daß es sich um einen Gewerbebetrieb handle. Das wäre irrig. Auch Bibliothekare, Museumsleute, Archivare sprechen von dem Betriebe ihrer Bibliothek, ihres Museums, des Archivdienstes; kein Geistlicher würde Anstoß nehmen, zu sagen: Die Autohupen stören den Betrieb des Gottesdienstes. Der Ausdruck Betrieb ist neutral.

diese Gelegenheit zur Einbeziehung der Freien Berufe zu benutzen. Da dem Plenum über diese Vorgänge kein Bericht erstattet[69], über sie aber aus Anlaß eines nunmehr eingereichten Zentrumsantrages[70] so gesprochen wurde, als ob sie allgemein bekannt wären, so hat weder hier noch da die Öffentlichkeit über die Gründe der Parteien die Aufklärung erhalten, die für die Sache erforderlich war. Es scheint, daß nicht jede Fraktion in der Lage war, mit Sicherheit eine Begründung im Sinne aller Fraktionsgenossen zu geben. Als Gesamteindruck ließ sich entnehmen, daß die Befürworter des Antrages die Klagen der heutigen GewStZahler als berechtigt anerkannten und etwas tun wollten, um ihnen entgegenzukommen; es wurde kein Hehl daraus gemacht, daß man ihnen an Rechtsanwälten und Ärzten Leidensgefährten und Streitgenossen zuführen wollte. Andrerseits wollte man sich nicht dem Anschein aussetzen, als ob man in Kunst und Wissenschaft lediglich Gewerbebetrieb erblickte. In dieser Lage bediente man sich jener Ausscheidung der 'reinen' Kunst und Wissenschaft im RBewG. Dementsprechend sollten zwar grundsätzlich der GewSt unterstellt werden: „die Gewerbe ... und die Freien Berufe" (§ 1). Aber in die Befreiungen (§ 3, 2) wurde eingesetzt: „die Ausübung eines der reinen Kunst oder der reinen Wissenschaft gewidmeten Freien Berufs". Es blieb immer noch die Frage, welche Kunst oder Wissenschaft die 'reine' und was der Gegensatz dazu sei; eine Frage, die zu beantworten der Reichstag seinerzeit sich nicht zugetraut hatte. Was damals für die bloße Rubrikenbildung der dazu ermächtigte RFinanzminister 'bestimmt' hatte, nahm man jetzt zur Abgrenzung einer Steuerpflicht herüber und entlehnte den Durchführungsbestimmungen folgenden Wortlaut:

> „Als der reinen Kunst oder der reinen Wissenschaft gewidmet ist ein künstlerischer oder wissenschaftlicher Beruf dann anzusehen, wenn er sich auf schöpferische oder forschende Tätigkeit, Lehr-, Vortrags- und Prüfungstätigkeit sowie auf schriftstellerische Tätigkeit beschränkt. Durch eine in geringem Umfang nebenher ausgeübte Gutachter-Tätigkeit als Sachverständiger wird die Zurechnung zu einem der reinen Kunst oder der reinen Wissenschaft gewidmeten Freien Beruf nicht ausgeschlossen; ebenso wird bei Künstlern die Zurechnung

---

[69] Ein gedruckter Bericht erfolgte überhaupt nicht. Da der mündliche Bericht (Stenogr. Berichte des Preuß. Landtages, 19. März 1929, Sp. 4938) sich nur über angenommene Anträge aussprach, so erfuhr man nicht, ob jene Anregung sich nicht zu formulierten Anträgen verdichtete, oder ob solche abgelehnt wurden.

[70] Antrag Koelges: Drucksachen 1928/9, Nr. 1810.

durch den Umstand nicht ausgeschlossen, daß sie selbstgeschaffene Kunstwerke veräußern."

Der so zustande gebrachte Antrag wurde in der zweiten Lesung am 19. März mit 208 gegen 99 Stimmen angenommen [71]. In der drei Tage darauf erfolgenden dritten Lesung [72] kam der Mehrheit doch ein Bewußtsein davon, daß es in ihr vielen (vielleicht gar allen) gegen das Sprachempfinden ging, die Freien Berufe einer 'Gewerbe'steuer zu unterwerfen. Da machte der Preußische Landtag sich die Lippe-Detmoldsche Erfindung zunutze und änderte den Titel in 'Gewerbe- und Berufssteuer'. Ohne Kommissionsbericht, ohne daß den Interessenten auch nur Zeit zu einer Meinungsäußerung gelassen wäre, war binnen dreier Tage eine neue Steuer geschaffen. Gegen das Gesetz, das jetzt nicht mehr die von der Regierung vorgeschlagene übliche Verlängerung, sondern eine eingreifende Änderung des bestehenden Steuerrechts war [73] — zu einer Zeit, wo dem Reichtage das längst erwartete Rahmengesetz schon vorlag — legte der Staatsrat Einspruch ein, da er den Zeitpunkt nicht für geeignet halte [74]. Den Einspruch hätte der Landtag mit Zweidrittelmehrheit entkräften können. Da die Mehrheit dazu nicht stark genug war (16. April), war das Gesetz gefallen [75]. Tags darauf legte die Regierung einen Gesetzentwurf vor, der sich mit bloßer Verlängerung begnügte, in erster und zweiter Lesung auch die Zustimmung des Hauses fand, aber in dritter Lesung an Beschlußunfähigkeit (herbeigeführt, wie man sagte, durch die Gegner der GewSt, die sie nur mit Erweiterung haben wollten!) scheiterte [76]. Da inzwischen das Gesetz bereits abgelaufen war, und bei dem bevorstehenden Fälligkeitstermin für die Erhebung der GewSt jeder Rechtstitel gefehlt hätte, lag ein 'ungewöhnlicher Notstand' vor, zu dessen Beseitigung die Regierung auf Grund des Art. 55 der preußischen Verfassung unter dem 2. Mai eine Notverordnung [77] erließ (die

---

[71] Namentl. Abstimmung: 19. März, Sp. 5053—70.

[72] 22. März Stenogr. Ber., Sp. 5263—75. Daselbst Sp. 5343—52 namentl. Abstimmung über einen Antrag Hecken (Dtsch.-nat.), die Freien Berufe wieder zu streichen (Nr. 2019): abgelehnt mit 220:113 Stimmen.

[73] Lag doch in den Worten des Antrages selbst, „die Gewerbe und die Freien Berufe" (§ 1) die Anerkennung, daß diese nicht Gewerbe sind. [74] Drucks. Nr. 2103.

[75] Sitzg. v. 16. April, Sp. 5829—37. Namentl. Abstimm., Sp. 5873—82 (232:161).

[76] Drucks. Nr. 2255. Stenogr. Bericht v. 20. u. 23. April; namentliche Abstimmungen: Spalte 6555—6564.

[77] GS, S. 47. — Die spätere Vorlage an den Landtag, zur nachträglichen Genehmigung bei seinem Wiederzusammentritt (Drucks. Nr. 2465), stellt die Vorgänge zusammen.

zu unserm Gegenstand nicht mehr in Beziehung steht). — Während dieser Beratungen war die Öffentlichkeit nicht imstande, über die treibenden Kräfte innerhalb der preußischen Volksvertretung zu einem Urteil zu gelangen. Soviel war klar, daß zwischen Kommission und Plenum ein Widerspruch vorlag. Was die Kommission beschlossen hatte, war nicht berichtet worden; aber aus den Andeutungen ging mit Sicherheit hervor, daß in ihr für den Vorschlag, die Freien Berufe heranzuziehen, eine Mehrheit nicht vorhanden gewesen war, während sie im Plenum da war. Durch was für Verhandlungen die Mehrheit zustande gebracht wurde, ist nie bekannt geworden. Nicht einmal über die Stellungnahme der Parteien war aus den Tageszeitungen ausreichende Belehrung zu erhalten. Als zehn bis vierzehn Tage später die stenographischen Berichte der Öffentlichkeit zugänglich wurden, konnte man einige Klarheit über die Gegensätze gewinnen. Das Abstimmungs-Ergebnis war wie folgt:

	II. Beratung (19. März)			III. Beratung (22. März)[77a]		
	für	gegen	ent-halten	für	gegen	ent-halten
	Heranziehung der Freien Berufe			Heranziehung der Freien Berufe		
National-Sozialisten	—	—	—	—	2	—
Deutsch-Nationale	21	37	—	17	50	—
Deutsche Fraktion	8	3	—	8	4	—
Wirtschaftspartei	18	—	—	19	—	—
Deutsche Volkspartei.	13	12	—	13	20	—
Zentrum	33	7	—	41	7	5
Demokraten	3	13	—	7	12	—
Sozialdemokraten	112	—	1[78]	115	—	—
Kommunisten	—	27	—	—	18	—
Zusammen:	208	99	1	220	113	5

Volle Geschlossenheit und Aussprechung der Gründe haben nur die Wirtschaftspartei ('Reichspartei des deutschen Mittelstandes') und die Kommunisten gezeigt. Jene bekannten sich offen zu dem Leitsatz: die GewSt sei eine ungerechte Steuer, und um sie loszuwerden, müsse man sie ausdehnen und Bundesgenossen gewinnen. Diese erklärten die GewSt ebenfalls für eine ungerechte Steuer und zogen daraus die Folgerung, daß sie wenigstens nicht ausgedehnt werden dürfe. In den übrigen Parteien waren fast durchgehends die Meinungen geteilt, und nur das Zentrum, das in seinem Großteil für die Heranziehung stimmte, schien seine

[77a] Vgl. Anhang A (unter 'Ärzte').

[78] Dr. Chajes; bei der III. Lesung: fehlend.

Minderheit zu kennen; in den andern geteilten Fraktionen gab es anscheinend keine Sicherheit darüber, wie sich die Meinungsverschiedenheit in der Abstimmung ausdrücken werde. Als der Fraktionsredner der Demokraten den Antrag für unannehmbar erklärte und ihm von den Bänken der Deutschnationalen zugerufen wurde: „Ist das Fraktionsauffassung, stimmen Sie geschlossen?", erwiderte er: „Es mag sein, daß vielleicht einer meiner Freunde anders stimmt, ich glaube nicht, daß 2 anders stimmen werden". Und in gewisser Weise behielt er recht: es waren ihrer nämlich 3. In der dritten Beratung waren sie auf 7 angewachsen. Von der zweiten zur dritten Lesung, vom Dienstag bis zum Freitag, hatte sich auch sonst innerhalb der einzelnen Fraktionen die Stimmenverteilung verschoben, ja, in einem Fall (Deutsche Volkspartei) sogar in ihr Gegenteil verkehrt. In dieser Sachlage durfte man gespannt sein, wie die Sozialdemokratie sich stellen würde. Diese stimmte in der zweiten Beratung geschlossen für die Heranziehung der Freien Berufe, beteiligte sich aber an der Debatte nicht; in der dritten wiederholte sich das. Aber nicht nur diese Haltung der Sozialdemokratischen Partei widersprach dem parlamentarischen Herkommen; sondern mehr noch das Verhalten der andern Parteien, die sich das gefallen ließen. Niemals früher wäre es möglich gewesen, daß man der größten Partei des Hauses gestattet hätte, mit geschlossener Truppe anzutreten, die Entscheidung abzugeben und über die Gründe zu schweigen (in beiden Abstimmungen stellten die sozialdemokratischen Stimmen für sich allein bereits die Mehrheit dar). In dem vorliegenden Falle ist es parlamentarisch um so auffallender, da die Verlockung, die Sozialdemokratie an ihre programmatischen Aufgaben zu erinnern, besonders groß war. Das Einkommen der Freien Berufe ist ein Arbeitseinkommen. Die Sozialdemokratie hat das Recht, Steuergesetze zur Belastung des Arbeitseinkommens zu bewilligen; ja, es wäre erfreulich, wenn öfter Parteien da, wo sie es für sachlich gerechtfertigt halten, auch zu Steuerbelastungen sich bereitfinden, die eine Unabhängigkeit vom Interessenten-Programm bekunden. Wenn aber die Parteien, die für die GewSt der Freien Berufe eintreten, die Ausdehnung der Steuer gerade mit ihrer Ungerechtigkeit begründen: ist es dann parlamentarisch erlaubt, daß man der entscheidenden Partei gestattet, ihre Stimme geschlossen mit Ja abzugeben, ohne daß man ihr vorhält, mit ihrer Stummheit billige sie auch jenes Argument? Mußte nicht der einheitlich stimmenden und einheitlich schweigenden Partei wenigstens mit der Vorhaltung der Mund geöffnet werden, daß gleichzeitig ihr eigener Finanzminister eine Vorlage zu verteidigen habe, die die Freiheit der Freien Berufe ausspricht? Die ganze Verhandlung macht den Eindruck eines in Verwirrung geratenen Parlaments, in dem fast keine Partei mehr recht wagt, der andern Vorhaltungen zu machen, weil sie für sich selbst fürchtet; wo alle nur noch in dem einen Gefühl übereinstimmen, daß für das, was hier vorgeht, außerhalb des Hauses kein mitfolgendes Interesse mehr besteht. Aber das, was im Preußischen Landtage geschehen, und das, was dort nicht geschehen ist, muß festgehalten werden, da vorauszusehen ist, daß in künftigen Beratungen des Reichstages der Vorgang eine Rolle spielen und man versuchen wird, für jenen Mehrheitsbeschluß des Preußischen Landtages dieselbe Autorität in Anspruch zu nehmen wie für andere ordnungsmäßig vorbereitete parlamentarische Mehrheitsbeschlüsse[79].

Die uns beschäftigende Angelegenheit ist jetzt in eine Lage geraten, die sich nicht mehr ohne ein Eingehen auf die parlamentarische Verhandlungsweise im allgemeinen erörtern läßt. Schon in den letzten Jahrzehnten der Vorkriegszeit war die Neigung der Parlamentarier, ihre Verhandlungen sozusagen als ihre Familienangelegenheit zu betrachten, immer stärker geworden. Mit dem abnehmenden Interesse für die Parlamente stand dies im Verhältnis der Wechselwirkung. Man hätte meinen sollen, daß die veränderte Verfassung die Parlamentarier genötigt hätte, ihre Verhandlungen mehr unter dem Gesichtspunkte zu gestalten, daß ihre Stellungnahme ihren Wählern verständlich werde und bleibe. Aber alle dahin wirkenden Momente sind überkompensiert worden durch die zwischen Wähler und Gewählte dazwischengetretene Macht der Parteien und Parteiorganisationen, die den einzelnen Abgeordneten von der Pflicht beständiger Fühlungnahme in höherem Maße als früher befreien. Die parlamentarischen Formen, die einer solchen Fühlung oder wenigstens der Offenlegung der Stellungnahme dienen, hat

---

79 Wird doch sogar die Meinung geäußert, die Preußische Regierung habe die Pflicht, das Mehrheitsvotum ihres Parlaments zu achten (d. h. eine Vorlage zur Heranziehung der Freien Berufe einzubringen.) Dies ist freilich ein glatter Irrtum. Unser Staatsrecht kennt keine Mehrheitsvoten, sondern nur Beschlüsse. Die Verfassung schreibt vor, wann der Landtag mit einfacher, wann mit Zweidrittelmehrheit beschließt. Wenn die Verfassung vorschreibt, daß gegen Einspruch des Staatsrats der Landtag mit Zweidrittelmehrheit beschließen kann, und der Beschluß mit Zweidrittelmehrheit ergeht nicht, so ist der Beschluß nicht ergangen. Wenn in diesem Stadium 60 für den Antrag stimmen und 40 dagegen, so hat der Landtag den Antrag abgelehnt. Die letzte Meinungsäußerung des Preußischen Landtages über die Heranziehung der Freien Berufe war also: Ablehnung. Das allein kann für eine parlamentarische Regierung maßgebend sein. — ☛ Beratungen während der Drucklegung s. u. Anhang B.

man bei uns verfallen lassen (wie man überhaupt über die Bedeutung der Formen, wenn sie unbequem wurden, sich leicht hinwegsetzte). Früher war die namentliche Abstimmung öffentlich in der Art, daß jeder Abgeordnete aufgerufen wurde und vor der Welt sein 'Ja' oder 'Nein' aussprach; mit dem Bewußtsein, daß es geeignetenfalls am nächsten Tage in allen Zeitungen verkündet wurde. Als im Reichstage in der Beratung des Zolltarifs von 1902 eine Obstruktion mit namentlichen Abstimmungen einsetzte, wurde der Namensaufruf abgeschafft und die Abstimmung durch Karten eingeführt, aus denen in der Sitzung nur die Zahlen angegeben wurden (später folgten die Landesparlamente). Man male sich aus, wie die Szene sich gestaltet hätte, wenn der Namensaufruf noch heute bestände. 112 mal sollte je ein sozialdemokratischer Abgeordneter aufgerufen werden, um auf die Frage zu antworten, ob er für diese Belastung des Arbeitseinkommens stimme, 112 mal sollte von den sozialdemokratischen Bänken ein Ja ertönen. Wäre es möglich, daß eine Partei sich dem aussetzte, ohne vorher in einer Rede auch ihre Begründung gegeben zu haben? Die Vermutung ist nicht gewagt, daß an der ästhetischen Unmöglichkeit einer solchen Szene die innerlich dissentierenden Mitglieder der Partei eine Stütze gehabt hätten, um die Maßgebenden zu einem andern Ausweg zu veranlassen.

3.

Das in den Preußischen Verhandlungen ignorierte deutsche Gesetzeswerk, das seit dem Dezember 1928 dem Reichstage vorliegt, besteht aus sechs Gesetzentwürfen[79a], von denen das 'Steuervereinheitlichungs-Gesetz' als Mantelgesetz gleichzeitig dem Ganzen einen einheitlichen Namen geben soll. Unter diesen, am 31. Januar 1929 dem Steuerausschuß überwiesenen Entwürfen befindet sich auch ein GewStRahmengesetz. Wie sein Name sagt, will es zwar nur den Rahmen bestimmen, innerhalb dessen die Länder ihre GewStGesetze zu halten haben, ist aber eng genug, um die Länder auf bloße Ausführungsvorschriften zu beschränken. In den Vorberatungen hat der RWirtschaftsrat sich für die Einbeziehung der Freien Berufe ausgesprochen, da „die GewStLast, um erträglich zu bleiben, auf breitere Schultern gelegt werden müsse, und da in neuerer Zeit sich die Freien Berufe nach Art und Umfang der Berufsausübung von den der GewSt-Pflicht unterworfenen Betrieben kaum mehr, oder nur unwesentlich, unter-

[79a] Reichstags-Drucks. 1928, Nr. 568 nebst Begründung. (28. Nov. u. 29. Dez.)

scheiden"[79b]. Im RRat teilten diesen Standpunkt die Länder, die schon jetzt die Freien Berufe heranziehen[79c] und einen „sehr empfindlichen Steuerausfall" befürchteten, drangen aber damit nicht durch; die Mehrheit trat der Auffassung der RRegierung bei, „daß nach wie vor die überwiegenden Gründe, insbesondere die Rücksichtnahme auf bedeutsame Kulturinteressen für die Freistellung von der GewStPflicht sprächen". Daß aber, wie im RBewG die verwandten Berufe ebenso gestellt würden, lehnte der RRat ab, und „mit Rücksicht auf die finanzielle Tragweite der Frage für die Finanzen der Länder und Gemeinde" stellte die RRegierung ihre Bedenken zurück. Daraus ging folgende Fassung hervor (§ 2, Abs. 2):

Als Gewerbe gelten ... nicht:

1. pp.

2. Die Freien Berufe. Die Ausübung eines Freien Berufes im Sinne dieser Vorschrift liegt insoweit nicht vor, als besondere Anstalten oder Einrichtungen (z. B. Kliniken, Sanatorien, Schulen) unterhalten werden.

Das ist die Fassung, die zur Zeit dem Reichstage vorliegt.

Überblickt man die Lage im ganzen, so betreffen die gegen die Freien Berufe gesetzgeberisch durchgetrotzten Erfolge nur einen kleinen Teil des Deutschen Reiches. Die sechs Staaten, die sich zu einer derartigen dauernd gemeinten Gesetzgebung über Freie Berufe (sei es über alle, sei es über einzelne) entschlossen haben, haben zusammen nur 2,3 Mill. Einwohner, das ist 4% der deutschen Bevölkerung; und wenn man Hessen mit seinem Übergangsgesetz mitrechnet, auch noch nicht 6%. In Preußen (und ähnlich in dem größten Teile Deutschlands) besteht heute folgender Zustand. Die Finanzämter machen Jagd auf Grenzfälle, die sie mit Argumentationen irgendwelcher Art aus den befreienden Gesetzesparagraphen herausinterpretieren können. Die oberen Finanzbehörden stellen sich verschieden dazu. Das OVG versagt den Rechtsschutz nicht. Es erkennt die GewSt-Freiheit der Freien Berufe nach wie vor an. Aber da diese Steuerfreiheit jetzt nicht mehr als eine naturgegebene und vom Gesetzgeber nur konstatierte Tatsache dasteht, sondern durch die irreführende Ausweitung der Definition vom Gesetzgeber nachträglich für eine Art Ausnahme erklärt worden ist, so drängt die Ausnahme-

---

79b Begr. S. 110. 79c s. o. S. 55—57.

Theorie zu einer immer größeren Einengung. Hat in einem Lande die höchste Instanz einer bisher freien Tätigkeit die GewStFreiheit versagt, so pflegen die unteren Instanzen sich danach zu richten; ja, sie machen den Versuch, für das ihnen neu zugesprochene Jagdfeld die Grenzen tunlichst weit zu stecken. Je häufiger dies geschieht, desto mehr raten Rechtsanwälte ihren bedrückten Klienten von Rechtsmitteln ab, die sie nach ihren Erfahrungen meinen, als aussichtslos bezeichnen zu müssen. Je breiter die Kluft zwischen Entscheidungen und Rechtsempfinden wird, desto dünner werden die dissonierenden Laute, die noch an das Ohr der Instanzen dringen, desto sicherer fühlt sich die 'ständige Judikatur' in dem Bewußtsein, den rechten Weg zu gehen. Ist es gar so weit gekommen, daß große Teile der Steuerpflichtigen die Verbreiterung der Druckfläche freudig begrüßen (nämlich, weil sie davon eine Vermehrung der Streitgenossen erwarten), so wird das, was aus äußerstem Widerspruch gegen die ganze Institution hervorgeht, wie eine Bestätigung der erweiternden Judikatur empfunden.

Das ist die Lage, in der bei der bevorstehenden Beratung des Rahmengesetzes der Angriff auf die Freien Berufe vor dem Forum des Reichstages erwartet wird.

V. Kontroversen.

So sehr auch die Meinungen über den Stand unsrer Frage auseinandergehen, in dem einen stimmen sie überein: daß die Debatte verfahren ist. Es fehlt den streitenden Teilen an einem gemeinsamen Boden, auf dem sie ihre Streitigkeiten austragen könnten. Die folgenden Ausführungen wollen untersuchen, ob ein solcher gemeinsamer Boden wiedergewonnen werden kann. Stellungnahme und Polemik sollen nicht vermieden werden. Aber es soll dabei nicht darauf ankommen, von wem eine abweichende Meinung geäußert worden ist, ob von Interessenten oder Theoretikern, von Verwaltungsbehörden oder Gerichtshöfen (diese Zitate sind oft genug gebraucht worden), sondern es soll nach Möglichkeit für jeden kontroversen Punkt ein gangbarer Weg der Erörterung gesucht werden.

a) Welche Tätigkeiten sind 'Gewerbe'?

Dem preußischen GewStG von 1891 schwebte der gemeine deutsche Sprachgebrauch vor, der unter 'Gewerbe' Handwerk, Großindustrie und Handel umfaßt, Landwirtschaft und Freie Berufe nicht. Dies war eine historische Tatsache, als im Gegensatz zu ihr der Versuch gemacht wurde, dem Gesetz, wenn auch nur im Prinzip einen Gewerbebegriff zuzuschreiben, der, vom Sprachgebrauch abweichend, das gesamte Erwerbsleben umfassen sollte[80]. Die neue Definition wurde von den Beteiligten zunächst nicht einmal eines Widerspruchs für würdig erachtet. Nachdem aber die Notverordnung von 1923 sich ihrer bedient hat[81], ist der status causae et controversiae folgender. Das Gesetz von 1891 betonte die GewSt-Freiheit der Freien Berufe, damit Tätigkeiten, die keine Gewerbe sind, von den Behörden nicht etwa zur GewSt herangezogen werden. Die Notverordnung hat

[80] s. o. S. 50. [81] s. o. S. 50.

den Wortlaut dieser Betonung übernommen, darüber aber jene weite Definition gestülpt, unter die begrifflich die Freien Berufe fallen würden. Wie ist die GewSt-Freiheit von Tätigkeiten, die nicht Gewerbe sind, zu interpretieren, wenn der Interpret nachträglich an eine Definition gebunden wird, nach der sie Gewerbe sein sollten. Es läuft dies auf die berühmte Kalenderfrage hinaus: auf welchen Wochentag fällt der Aschermittwoch, wenn der Ostermontag auf Dienstag fällt? Das Verhältnis eines umfassenden Gesetzes zum Sprachgebrauch ist nicht derart mechanisch, daß der Gesetzgeber es in jedem Augenblick lösen kann, ohne Schaden anzurichten. Jedes Gesetz geht unbewußt von zahlreichen Vorstellungen aus, die ihm, aus dem täglichen Leben entnommen, vorschweben, ohne daß ihnen eine genauere Umgrenzung gegeben wäre. Wenn dies in einem Gesetz sogar bei dem grundlegenden Begriff der Fall war, so ist das Gesetz in allen seinen Teilen von einem Sprachgefühl beherrscht, und der Gesetzgeber hat es nicht in der Hand, dem Worte, dessen er sich ständig bedient hat, nachträglich eine andere Bedeutung willkürlich beizulegen, ohne damit die Grundlagen der Definition zu verwirren.

Für alle, die sich dagegen sträubten, das Wort Gewerbe auf das Gesamtgebiet erwerbender Tätigkeit zu erstrecken, war eine Hauptstütze die GO und das sieghafte Durchdringen ihres (sogar unausgesprochenen) Gewerbebegriffs [82]. Ihnen wurde gewöhnlich der Einwand gemacht, daß der Begriff der GO für ein Steuergesetz nicht bindend sei. Allein dies war auch nicht behauptet. Es war nur gesagt worden: da das preußische GewStG von 1891 keine Erklärung des Wortes Gewerbe gab, und man genötigt war, den Sprachgebrauch festzustellen, so könne man an dem wichtigsten sprachlichen Dokument, nämlich der GO, nicht vorübergehen. Jener Einwand ist ein disputatorischer Kunstgriff, wie er oft versucht wird: man widerlegt eine Behauptung, die nicht aufgestellt ist, um den Anschein zu erwecken, daß die aufgestellte widerlegt sei. Diese ist nicht widerlegt, und sie ist unwiderleglich. Aus der Bedeutungsgeschichte des Wortes Gewerbe gibt es keine zweite gleich erhebliche Tatsache, wie die, daß der neu geschaffene Reichstag des Norddeutschen Bundes auf das Sprachempfinden vertraute und mit diesem Vertrauen Erfolg gehabt hat. Es mußte jedem freistehen, den Nachweis zu führen (wenn er ihn führen konnte), daß dem preußischen Gesetzgeber ein anderer Ge-

[82] s. o. S. 30—33, 37.

werbebegriff vorgeschwebt habe. Wer aber ohne einen solchen Nachweis zu führen oder auch nur zu versuchen, einen andern Gewerbebegriff unterstellte, und seinem Gegner die Behauptung in den Mund legte, die GO sei für die Steuer-Gesetzgebung bindend: der führte die Disputation auf illoyale Weise. — Dieser Sachverhalt besteht weiter, auch nachdem (1923) der preußische Gesetzgebungs-Apparat jene ausgeweitete Definition in Paragraphen-Gestalt gebracht hat. Denn wenn früher die preußische Verwaltung und Rechtsprechung nicht befugt waren, dem Wort Gewerbe eine andere Bedeutung unterzulegen, als ihm dem Sprachgebrauch nach zukommt, so darf dies ebensowenig der preußische Gesetzgeber, wenn er die vom Reich den Ländern überlassene 'Gewerbe'-Steuer in Vollzug setzt. Hierbei können die Länder zwar eine Definition geben. Aber wer den Auftrag hat, ein Wort zu definieren, hat nicht das Recht, sich über den Sinn des Wortes hinwegzusetzen. Sonst liefe dies darauf hinaus, daß mit der Belassung der GewSt bei den Ländern diesen das doppelte Recht gegeben sei, erstens die GewSt solchen Tätigkeiten aufzuerlegen, die Gewerbe sind, zweitens solchen, die nicht Gewerbe sind.

Dazu kommt, daß die neu anbefohlene Definition

§ 1, Abs. 2. „Als Gewerbebetrieb gilt jede fortgesetzte, auf Gewinnerzielung gerichtete selbständige Tätigkeit, die sich als Beteiligung am allgemeinen wirtschaftlichen Verkehre darstellt"

von ihrem materiellen Inhalt abgesehen, formal-logisch einen Fehler enthält. Von Gewinnerzielung sprechen wir nur innerhalb des Verkehrslebens. Von Robinson sagen wir nicht, daß seine Tätigkeit auf Gewinnerzielung gerichtet sei. Eine auf Gewinnerzielung gerichtete Tätigkeit kann jemand nur haben, wenn er sich am allgemeinen wirtschaftlichen Verkehr beteiligt. Die Definition ist ebenso gebaut, als wenn jemand in der Mathematik definieren wollte: ein Parallelogramm sei ein Viereck, in dem die Gegenseiten parallel und die gegenüberliegenden Winkel gleich sind. Wenn in einem Viereck die Gegenseiten parallel sind, so ist es unmöglich, daß die gegenüberliegenden Winkel einander nicht gleich wären. Man könnte einwenden, daß ein solcher Zusatz einen bloßen Schulfehler darstelle, der in Wirklichkeit keinen Schaden anrichte[83]. Dies trifft aber nur auf Wissenschaften zu,

[83] Da es in Sachen der Logik etwas Genierliches hat, sich auf diese Entschuldigung zurückzuziehen, so ist zu befürchten, daß die Urheber der Definition behaupten werden, das Wort Gewinn

die an einem korrekten Aufbau ihrer Begriffe einen Schutz gegen Fehlleitung durch Worte besitzen. Wer auch nur die Anfänge der Elementar-Geometrie beherrscht, kann nicht auf den Gedanken kommen, aus dem (überflüssigen) Zusatz zu folgern, daß es Vierecke mit parallelen Gegenseiten geben könne, die gleichwohl nicht Parallelogramme seien, weil sie eine zweite Bedingung (gleiche Gegenwinkel) nicht erfüllen. Wissenschaften aber, denen dieses Anti-Bactericum fehlt, sind gefährdet. Hier scheinen in der Tat Leute durch den (überflüssigen) Zusatz zu der Vorstellung verleitet zu sein, es könne Tätigkeiten geben, die auf Gewinnerzielung gerichtet sind und die zweite Bedingung (Beteiligung am wirtschaftlichen Verkehr) nicht erfüllen. — Die Vorschrift, daß Freie Berufe keine GewSt zahlen, hatte zur Zeit, als sie erlassen wurde, einen rein deklaratorischen Sinn: sie sind kein Gewerbe und zahlen daher keine GewSt. Durch den Überbau der neuen Definition sollte den Worten der folgende Sinn oktroyiert werden: obgleich sie Gewerbe sind (oder: auch wenn sie Gewerbe sind), sollen sie von der GewSt ausgenommen sein. Dies hat einen interpretatorischen Unterschied zur Folge. Jene Bestimmung stand in dem Gesetz von 1891 koordiniert neben allen andern Bestimmungen des Gesetzes. In dem neuen Zustande, wo die Steuerfreiheit eine Ausnahme darstellen soll, wird der Grundsatz geltend gemacht, daß Ausnahmen strikte zu interpretieren seien; im Zweifel werde zugunsten der Regel entschieden. In dem alten Zustand war die Rollenverteilung zwischen Behörde und Bürger klar. Die Behörde mußte beweisen, daß der Herangezogene ein Gewerbtreibender sei; nicht etwa der Bürger, daß er es nicht sei. Jetzt wird dieses Verhältnis zwar nicht aufgegeben; aber sobald es der Behörde nur gelungen ist, den Angegriffenen irgendwie unter die Definition zu bringen, ist dieser in der Berufung auf eine (angebliche) Ausnahme schon in die Defensive gedrängt.

Daß diese Situation entstehen konnte, hängt damit zusammen, daß wir für den Aufbau der Gesetze keine anerkannte Technik der Definitionen besitzen. Es

---

in einem allgemeinen Sinne gebraucht zu haben, wonach Gewinn jede Art von Vorteil bezeichnen kann. Dies wäre zwar nur eine in der Not ergriffene Ausflucht (denn in wirtschaftlichen Dingen sprechen wir nie von einer Absicht der Gewinnerzielung, wenn nicht Gewinn 'an andern' beabsichtigt ist). Aber es würde der Einwand noch nicht einmal etwas nützen. Die 'Abundanz' der Definition wäre in der gegenteiligen Reihenfolge der beiden Merkmale darzutun: wenn 'Beteiligung am allgemeinen wirtschaftlichen Verkehr' gegeben ist, so ist darin bereits Absicht der Gewinnerzielung gegeben. Oder will man sich auf den Einwand zurückziehen, man müsse auch die Möglichkeit berücksichtigen, daß ein Mensch sich durch fortgesetzte Verschenkung von Hab und Gut beteilige? Die Bepacktheit der Definition hat lange über ihre Unlogik hinweggetäuscht.

scheint allgemeine Annahme zu sein, daß der Gesetzgeber Definitionen machen könne, wie er wolle, und daß die von ihm hingestellte Definition dasselbe Maß von Wirkung habe, ob sie den Begriff wiedergibt, den das Sprachempfinden mit dem Worte verbindet, oder einen abweichenden. Die gewöhnliche Formel, deren sich der Gesetzgeber bedient (und auch im vorliegenden Falle bedient hat), wenn er nicht behaupten will, daß seine Definition dem Sprachempfinden entspreche, ist die, daß der Sinn des Wortes, den er vorschreibt, 'gilt'. Aber das Wort 'gelten' ist zweideutig und daher für die Gesetzessprache nicht geeignet. Man kann dem Worte nicht ansehen, ob der Gesetzgeber meint, er konstatiere eine vorhandene Geltung, oder er wolle eine nicht vorhandene erzwingen. Die das Wort 'gelten' anwenden, nehmen an, es laufe beides auf dasselbe hinaus, da die vom Gesetzgeber konstatierte Geltung ja auch nur deswegen konstatiert werde, weil sie in Zukunft erzwingbar sein soll, und daß im zweiten Falle Erzwingbarkeit dasselbe leiste, wie der von alters her geheiligte Sprachgebrauch (malitia supplet aetatem?). Aber diese Annahme begnügt sich mit der Oberfläche des grob äußerlichen Verlaufs, ohne auf die feineren Wirkungen Rücksicht zu nehmen. Dafür zu sorgen, daß allem die Geltung zuteil werde, die ihm zukommt, ist die oberste Aufgabe des Gesetzgebers (suum cuique tribuere). Jedesmal, wo der Gesetzgeber sagt, daß etwas als etwas gelten solle, was etwas nicht ist, hat er das Gegenteil von dem getan, was seine Aufgabe darstellt. Es mag dahingestellt bleiben, ob solche Fälle gänzlich vermieden werden können, die menschliche Natur ist unvollkommen. Aber wenn der Geist willig ist und das Fleisch schwach, so ist in solchen Fällen ein gewisses Bewußtsein der Unvollkommenheit am Platze, und nicht ein Pochen auf die Allmacht des Gesetzgebers. Dieses um so weniger, da die Allmacht nicht vorhanden ist. Es gelingt dem Gesetzgeber nicht, den Sprachgebrauch zu entthronen. Der Richter mag die sprachwidrige Definition, die ihm anbefohlen wurde (oder die er durch Beharrlichkeit schließlich dem Gesetzgeber aufgenötigt hat), mit noch so hoher Souveränität andern vorschreiben. Er selbst ist nicht frei von dem Sprachempfinden, das er beseitigt zu haben glaubt. So fehlt einer zu sprachwidrigen Fiktionen genötigten Rechtsprechung jene einleuchtende Bündigkeit, die nur aus der Schlichtheit des eigenen Denkens hervorgehen kann.

Gegen jede einzelne dieser Vorhaltungen gibt es geläufige Beschwichtigungsmittel. Aber man mache sich ein Bild davon, in welche Lage dies alles zusammengenommen den Interpreten gebracht hat. Den ursprünglichen Wortlaut der Bestimmung über die Freien Berufe hat der Gesetzgeber unverändert gelassen. Es soll also interpretiert werden, daß der Gesetzgeber sich desselben Wortlautes bedient habe, um das, was er früher als regulär hinstellte, jetzt als bloße Ausnahme anzuordnen. Dies wegen einer Definition, die, in das alte Gesetz ursprünglich ohne Beifügung einer Begründung von einem Kommentator hineingetragen, der Rechtsprechung suggeriert, von der Bevölkerung als sprachwidrig empfunden, aber schließlich zu gesetzlicher 'Geltung' erhoben wurde. Und nicht einmal im Wege der ordentlichen Gesetzgebung, sondern durch eine Notverordnung, die ihr Entstehen keiner öffentlichen, der Kritik ausgesetzten Vorberatung verdankte. Dazu noch ein logischer Verstoß in dem Aufbau der Definition. Wem das Ansehen unsrer Gesetzgebung lieb ist, der sollte Entscheidungen zu finden suchen, tunlichst unabhängig von einer Definition, in der eine traurige Entstehungsgeschichte ein so wenig faßbares Ergebnis gezeitigt hat. In kurzem wird dieser Weg ja doch beschritten werden müssen. Denn der Reichs-Entwurf enthält jene Definition von 'Gewerbe' nicht, und es ist wenig wahrscheinlich, daß die Reichsinstanzen sich die grundlegende Definition eines Reichsgesetzes von einem preußischen Vorgange aufnötigen lassen, der keine zur Nachahmung lockenden Erfolge aufzuweisen hat. Darum sei im folgenden der Versuch gemacht, an einigen Streitfragen die Möglichkeit einer solchen Behandlung zu erproben.

b) Welche Tätigkeiten sind 'wissenschaftliche'?

Die Bestimmung über die GewStFreiheit der Freien Berufe gilt in dem größten Teile Deutschlands in einer ähnlichen Fassung, wie der preußischen. Diese hatte im GewStG von 1891 ausgesprochenermaßen [84] als einzigen Zweck: Tätigkeiten, die nicht Gewerbe sind, vor etwaigen Mißgriffen der Behörden zu schützen. In den Wortlaut sind zweimal Einschiebungen gemacht worden: während der damaligen parlamentarischen Verhandlungen (Geometer) und in der Notverordnung von 1927 (Dentisten). In der heutigen Form (GewStV vom 15. März 1927) hat die Bestimmung folgenden Wortlaut:

---

[84] s. o. S. 53.

[85] s. u. S. 117 [112].

(§ 3.) Der GewSt unterliegen nicht:

1. pp.

2. Die Ausübung eines amtlichen Berufs, einer künstlerischen, wissenschaftlichen, schriftstellerischen, unterrichtenden oder erziehenden Tätigkeit, insbesondere auch des Berufs als Arzt, als staatlich geprüfter Dentist, als Rechtsanwalt, als vereideter Land- und Feldmesser sowie als Markscheider.

Von den hier genannten Tätigkeiten wird die amtliche an dieser Stelle nicht besprochen [85]. Die künstlerische, schriftstellerische, unterrichtende und erziehende geben verhältnismäßig selten zu Zweifeln Anlaß. Umstrittener ist die Frage, wann eine Tätigkeit als wissenschaftlich anzuerkennen ist. An dem Beispiel dieser Kategorie sollen daher die Grenzfragen erörtert werden.

1.

Was auch immer unter 'wissenschaftlicher Tätigkeit' zu verstehen sein mag, das eine ist klar: wenn das Gesetz sagt 'wissenschaftliche Tätigkeit', so ist damit jede wissenschaftliche Tätigkeit bezeichnet. Es ist nicht zulässig, die wissenschaftlichen Tätigkeiten in zwei Klassen zu teilen und eine davon auszunehmen. Am häufigsten wird dieser Versuch in der Form einer Einteilung in unmittelbar wissenschaftliche und mittelbar wissenschaftliche gemacht. Daß die einen gemeint seien, die andern nicht, wäre eine willkürliche Behauptung. Auf die Einfuhr ist ein Zoll gelegt. Was würde man dazu sagen, wenn jemand dabei ertappt wird, einen Posten Juwelen in seinem Handgepäck einzuführen und sich damit herausreden wollte: seine Reise habe einer Beerdigung gegolten; bloß weil die Erben die Juwelen durchaus verkaufen wollten, habe er einiges erstanden; dies sei nicht zu vergleichen mit einer Bestellung im Auslande, einer Frachtsendung oder einem Import auf einer zu diesem Zwecke gemachten Geschäftsreise; seine Reise stelle lediglich mittelbar eine Einfuhr dar. Die Behörde würde ihm erwidern: das Gesetz sagt Einfuhr und kennt keine Unterscheidung zwischen unmittelbarer und nur mittelbarer. Ebenso erwidert man jener Behörde: das Gesetz sagt wissenschaftliche Tätigkeit und kennt keine Unterscheidung zwischen unmittelbarer und nur mittelbarer. Es ist nicht zulässig, sich zweierlei Interpretations-Methoden vorrätig zu halten, je nachdem es sich um Bestimmungen handelt, die die Auferlegung einer Steuer anordnen oder verbieten. Der eine macht sich der Hinterziehung einer Steuer schuldig, der andere der Hinterziehung einer Steuerfreiheit.

Gibt man sich trotzdem die Mühe, der Sprachbedeutung der Wörter unmittelbar und mittelbar nachzugehen, so sieht man die praktische Unmöglichkeit der geplanten Unterscheidung ein. Es scheint, daß die häufigere Anwendung der Wörter aus dem alten deutschen Staatsrecht stammt (sprachlich angesehen, ein nicht sehr vornehmer Stammbaum). Nur die Reichsstände waren dem Reich 'ohne Mittel unterworfen'. Infolgedessen galten alle andern Deutschen dem Reich gegenüber als 'mittelbare' Untertanen. Im 17. Jh. ist darauf wirklich einmal die Theorie begründet worden, daß das Reich eine Demokratie sei; denn seine Bürger (die Fürsten, die Territorialherren) hätten ja alle im Reichstag Sitz und Stimme. Obgleich diese Theorie von wissenschaftlich hoch angesehener Seite aufgestellt war, so hat man in ihr doch nichts als die bis zur Lächerlichkeit getriebene Konsequenz des abstrusen Gedankens erblickt, 30 Millionen Einwohner eines Reiches (soviel mögen es damals gewesen sein) einzuteilen in 150 unmittelbare und 29999850 mittelbare Reichsangehörige. Auf dasselbe aber liefe es hinaus, wenn man die wissenschaftlichen Tätigkeiten in unmittelbar und mittelbar wissenschaftliche einteilen wollte. Das Produzieren von Wissenschaft oder das Konsumieren von Wissenschaft, das heißt das Forschen oder Lernen, ist unmittelbar auf Wissenschaft gerichtet. Schon wenn die Tätigkeit im Darstellen für andere besteht, ist die Tätigkeit zweckbestimmt. Beim Lehren, und vollends beim Schulehalten, ist der Zweck die Heranbildung von Menschen (sei es Allgemein-, sei es Fachbildung); durch Vermittlung dieses Zweckes kommt die Tätigkeit in Beziehung zur Wissenschaft als Bildungsmittel und Bildungsstoff. Objekt der Tätigkeit sind dem Lehrer seine Schüler; sie zu bilden ist die Aufgabe seines Lebens; das gilt vom Volksschul- bis zum Hochschul-Lehrer. In derselben Art ist ein Zweck als vermittelnder Gedanke eingeschoben, wenn die Tätigkeit in Begutachtung, Beratung, Heilung, Erfindung usw. besteht. Unmittelbar wissenschaftlich kann nur ein winzig kleiner Teil von Tätigkeiten sein. Dieses Ergebnis kann nicht wundernehmen. Was auch immer man in Unmittelbares und Mittelbares unterscheiden wolle, es wird immer darauf hinauslaufen, daß das Unmittelbare wenig, das Mittelbare viel ist. Es gibt viele Mittelbarkeiten, aber nur eine Unmittelbarkeit.

Anscheinend handelt es sich bei dem Versuch dieser Unterscheidung um einen mißgriffenen Ausdruck, und man muß zu ermitteln suchen, welche Unterscheidung in Wirklichkeit gemeint, das heißt welche Arten wissenschaftlicher Tätigkeit mit den 'nur mittelbaren' ins Auge gefaßt sein könnten. Zuweilen wird als Beweis für Mittelbarkeit angeführt, daß die Tätigkeit „sich als Beteiligung am allgemeinen wirtschaftlichen Verkehr“ darstelle. Aber wir haben gesehen, in welche Irrgänge der Versuch geführt hat, unter Tätigkeiten, die überhaupt auf Lebensunterhalt durch Gewinnerzielung gerichtet sind, solche unterscheiden zu wollen, die Beteiligung am allgemeinen wirtschaftlichen Verkehr seien, und solche, die es nicht seien. Was logisch unmöglich ist, bleibt logisch unmöglich; auch wenn es in einem unbewachten Moment gelungen ist, es in ein Gesetz hineinzubringen. In betreff der Beteiligung am allgemeinen wirtschaftlichen Verkehr sind die Angehörigen der Freien Berufe in derselben Lage wie die andrer[86]. Sie wollen von ihrem Berufe leben, und in der arbeitsteiligen Gesellschaft lebt man vom Beruf durch Beteiligung am allgemeinen wirtschaftlichen Verkehr. Die Berufstätigkeit ist diese Beteiligung, beim Schriftsteller wie beim Maurermeister. In den Streitfällen, in denen die Steuerbehörde behauptet, daß die Ausübung eines Freien Berufes eine Beteiligung am allgemeinen wirtschaftlichen Verkehr darstelle, ist diese Behauptung so weit davon entfernt, Gegenstand des Streites zu sein, daß sie vielmehr seine Voraussetzung ist. Wenn die umstrittene Tätigkeit nicht Beteiligung am allgemeinen wirtschaftlichen Verkehr darstellen würde, würde der Streit über GewStPflicht nicht entstehen können. Oder, wenn dies durchaus in die Ausdrucksweise formaler Paragraphen-Interpretation gebracht werden soll: wenn wirklich jemand einen Freien Beruf ausüben sollte, ohne daß die Ausübung sich als Beteiligung am allgemeinen wirtschaftlichen Verkehr darstellte (z. B. Spinoza als Philosoph, nicht als Glasschleifer), so hätte er nicht nötig, seine Freiheit auf die 'Ausnahme' des § 3 ² zu begründen, weil sie schon aus der Regel des § 1 Abs. 2 folgen würde.

Seitdem das RBewG für die Verwaltungsaufgabe der Wertermittlung von Vermögensobjekten eine Rubrik der 'reinen' Wissenschaft oder Kunst ausgesondert hatte und für die Sonderung der reinen von der sonstigen gesetzeskräftige Bestimmungen des RFinMinisters vorlagen, hat man statt früherer Unterscheidungen mit Vorliebe sich dieser bedient[87], da man glaubte, sich dafür auf die RAutorität berufen zu können. Das trifft aber nicht zu. Für Taxierungen muß es Rubriken

---

[86] s. o. S. 68, u. unten S. 81—83. [87] s. o. S. 57—61.

geben; aber die Rubriken brauchen nicht dem Wesen der Sache entnommen zu sein. Für die Etablierung einer Steuerpflicht muß es nicht immer Rubriken geben; aber wenn es welche gibt, müssen sie dem Wesen der Sache entnommen sein. Das altpreußische Nachlaß-Inventarium enthielt eine Rubrik 'Gemälde, Zeichnungen, Kupferstiche, Mathematische Instrumente und Gewehre'. Sie wurde viel belacht; aber daß sie zu Unzuträglichkeiten geführt hätte, hat man nie gehört. Wenn aber von den Rubriken des Inventars die einen hätten Nachlaßsteuer tragen sollen, die andern nicht, so hätte man sich mit dem Lachen nicht begnügt. Daraus also, daß das Reich für die Anweisung der Behörden, wo sie Vermögensobjekte einordnen sollen, jene Rubrizierung geschaffen hat, folgt nicht, daß man auch nur geglaubt hat, eine steuerlich angemessene Unterscheidung zu geben. Und obgleich man damals sich dessen bewußt war, daß in gewissen Fällen die verschiedene Rubrizierung eine verschiedene Steuerhöhe zur Folge haben kann; ja, obgleich sogar manche den Hintergedanken hatten, hiermit den Vorläufer einer steuerlichen Differenzierung einzuschmuggeln: so ändert auch dies nichts an dem Sachverhalt. Der Beweis dafür, daß man die 'reine Wissenschaft' nicht deswegen als Rubrik geschaffen hat, weil man Bevorzugungen auf sie beschränken wollte, liegt darin, daß Unsicherheit darüber herrschte (und bis heute herrscht), ob und wann die Einreihung in die 'reine' Wissenschaft Vorteile oder aber Nachteile zur Folge haben könnte. Ja, wenn man aus der Einführung der Rubrik 'reine Wissenschaft' und aus der Überzeugung, der RFinMinister werde imstande sein, ausreichende Durchführungsvorschriften zu geben, auch nur folgern wollte, die RGesetzgebung müsse an den Begriff und seine Definierbarkeit geglaubt haben, so kann nicht einmal in diesem bescheidenen Umfang die RGesetzgebung als Eideshelferin angerufen werden. Es gibt zwei Arten, wie der Gesetzgeber sich von der Definitionspflicht entlasten kann: entweder, indem er das Definieren den ausführenden Organen überläßt, oder indem er an Stelle des Definierens die Bestimmung durch die Exekutive setzt. Im ersten Falle (der in der Regel durch Stillschweigen des Gesetzgebers geschieht) erwirbt die Verwaltung kein anderes Recht als das, das jeder Untergebene hat: seines Vorgesetzten Willen, den er ausführen soll, zu diesem Zwecke sachgemäß zu interpretieren; hat er unrichtig interpretiert, so hat er das Gesetz verletzt, und es stehen dem Betroffenen dieselben Mittel dagegen zur Verfügung, wie gegen jede andere Gesetzesverletzung. Wenn aber der Gesetzgeber einen Begriff aufstellt und anordnet, daß der Verwaltungschef 'bestimmen' soll, was darunter fällt, so hat er, der Gesetzgeber, seine Gewalt auf den Verwaltungschef delegiert: was dieser bestimmt, hat Gesetzeskraft. In unserm Falle hat der Gesetzgeber den zweiten Weg eingeschlagen. Er hat also weder sich zugetraut, die reine Wissenschaft zu definieren, noch hat er die Überzeugung bekundet, der RFinMinister werde dazu imstande sein, sondern er hat angeordnet, daß in die Rubrik reine Wissenschaft das aufgenommen werden solle, was der RFinMinister bestimmen wird. Anders ausgedrückt: für das Verfahren bei Abschätzung der Gegenstände, deren Freiberufliche sich zur Ausübung ihres Berufes bedienen, will das RBewG zwei Rubriken der Freiberuflichen bilden; für die große Mehrzahl sollen diese Gegenstände unter Betriebsvermögen, für einen engeren kleinen Kreis unter sonstiges Vermögen rubriziert werden. Welche Tätigkeiten zu dem engeren kleinen Kreise gehören sollen, bestimmt der RFinMinister. Der Gesetzgeber gibt dem engeren Kreise den Namen: „die der reinen Kunst oder der reinen Wissenschaft gewidmeten Freien Berufe" (§ 26). Daß der Gedankengang des Gesetzes sich wirklich in dieser Linie bewegte, geht noch deutlicher aus der Art hervor, wie es sich zu der Umgrenzung der Freien Berufe selbst verhalten hat. Hier ist der Gesetzgeber in der Selbstentäußerung noch einen Schritt weiter gegangen, hat sich jeder Ausdrucksweise, die auch nur nach beabsichtigter Definition aussehen könnte, enthalten und hat glatt angeordnet, daß der RFinMinister bestimmen werde, „welche Gruppe von Gewerbetreibenden den Angehörigen der ... Freien Berufe gleichzustellen sind". Hier ist noch klarer, daß für den Verwaltungsvorgang der Verwaltungschef die genauere Abgrenzung der Rubrik machen solle.

Gegenüber dem Versuch, aus der 'reinen' Wissenschaft des RBewG einen Präzedenzfall für Feststellung der Steuerpflicht zu entnehmen, ist in Vorstehendem der Sachverhalt klargelegt, daß es sich im RBewG um Anweisungen für einen Verwaltungsvorgang handelt, der einen solchen Rückschluß nicht gestattet. Damit soll nicht gesagt sein, daß das Vorkommen des Ausdrucks im RGewG gänzlich gleichgültig sei. Und da der gescheiterte Versuch des Preußischen Landtages, die Rubrik zur Begrenzung der GewStFreiheit zu benutzen, aller Voraussicht nach im Reichstage wiederholt werden wird, so muß man zu dem möglichen Sinn einer solchen Kategorienbildung beizeiten Stellung nehmen. Was unter reiner Kunst oder Wissenschaft gemeint sein könnte, hängt davon ab, was man sich als Gegensatz dazu denkt. Dies mag bei der Kunst schwerer zu sagen sein. Bei der Wissenschaft aber wird darüber nicht gestritten. Von altersher stellt man der reinen Wissenschaft die angewandte oder praktische gegenüber. Aber nicht, wie vielfach angenommen wird, in der Art, daß jene ganz innerhalb, diese zum Teil außerhalb der Wissenschaft stehe, sondern es ist eine Gegenüberstellung innerhalb der Wissenschaft selbst. Von der reinen unterscheidet sich die angewandte Mathematik in puncto Wissenschaftlichkeit nur dadurch, daß für sie die Beherrschung der reinen schon Voraussetzung ist; umgekehrt nicht. An das Verhältnis von reiner und praktischer Nationalökonomie wird dieselbe Anforderung gestellt. Die Lehre von der praktischen Vernunft ist nicht weniger Wissenschaft, als die von der reinen Vernunft. Hieraus also eine Einengung ableiten zu wollen, wonach die eine als Wissenschaft anerkannt, die andere tunlichst von ihr ausgeschlossen werden soll, ist aussichtslos. Wer die Länge des Sekundenpendels am gewichtslos fingierten Faden erforscht, treibt reine, wer dieselbe Untersuchung vornimmt unter Berücksichtigung der verschiedenen Materialgewichte (Holz, Eisen usw.), treibt angewandte Physik. Wer die Wirkungen der freien und unfreien Konkurrenz auf die Preise untersucht, behandelt ein Thema aus der reinen, wer dasselbe unter dem Einfluß des Zolltarifs von 1902 untersucht, eines aus der angewandten Nationalökonomie. Es ist nicht abzusehen, welches Interesse eine Steuerverfassung haben könnte, die beiden einander gegenübergestellten Gelehrten verschieden zu behandeln. — Will man daher der Unterscheidung des RBewG einen Sinn abgewinnen, so muß man auch hier annehmen, daß der Ausdruck mißraten, und daß mit den Worten „der reinen Wissenschaft gewidmet" gemeint ist: rein der Wissenschaft gewidmet. Das heißt nicht die Wissenschaften will man in reine und andere teilen, sondern die Beziehungen zur Wissenschaft. Mit dieser steuerlichen Unterscheidung scheinen ihre heutigen Befürworter zu beabsichtigen, daß in der bisherigen Stellung der Freien Berufe in Zukunft nur solche belassen werden sollen, bei denen die Zweckbeziehung auf die Wissenschaft rein ist, das heißt ohne den Beisatz einer andern Zweckbeziehung, insbesondere auf Gewinnerzielung und auf Teilnahme am wirtschaftlichen Verkehr. Damit wären wir an demselben Punkte angelangt wie bei 'unmittelbar' und 'mittelbar': alle Freien Berufe wollen Lebensunterhalt durch Gewinnerzielung, alle nehmen durch Leistung und Gegenleistung am allgemeinen wirtschaftlichen Verkehr teil. Wer ein Merkmal, das allen gemeinsam ist, zum Unterscheidungmerkmal machen will, leistet einer Praxis Vorschub, die einzelne Leute mit Vorhaltung eines Merkmals wehrlos machen will, über das bei andern hinwegzusehen stillschweigende Gewohnheit ist. Allen solchen Schwierigkeiten sucht allerdings die Fassung zu entgehen, die im Preußischen Landtage soeben gescheitert ist und im Reichstage wieder erwartet wird. Diese Fassung will das, was der RFinMinister für die Rubrikenbildung angeordnet hat, auf die Steuerregelung übertragen[88] und läßt als reine Kunst und Wissenschaft nur gelten: schöpferische oder forschende Lehr-, Vortrags-, Prüfungs- und schriftstellerische Tätigkeit. Da der Vortrag eine Form der Belehrung ist, und die Prüfung herkömmlich als Bestandteil einer Lehrverfassung betrachtet wird, da ferner die Forschung in der Wissenschaft jedenfalls als Analogon zu der Schöpfung in der Kunst gemeint ist, so können wir für unsre Zwecke die Rubriken übersichtlicher dahin fassen, daß nur schöpferische, Lehr- und schriftstellerische Tätigkeit in Zukunft die bisherige Stellung der freiberuflichen behalten soll. Für einen Vergleich mit dem bisherigen preußischen Recht ist zunächst vor einem Irrtum zu warnen. In § 3[2] der preußischen GewStV stehen die schriftstellerische, unterrichtende oder erziehende Tätigkeit koordiniert neben der künstlerischen und wissenschaftlichen, in dem neuen Vorschlage aber innerhalb derselben. Der Plan geht also dahin, nicht einmal der schriftstellerischen oder unterrichtenden Tätigkeit die bisherige Stellung ganz zu lassen, sondern nur dann, wenn sie eine künstlerische oder wissenschaftliche ist. Es würde also in Zukunft der populäre Schriftsteller, der naturwissenschaftliche Feuilletons schreibt, GewStfrei sein, der politische, der für dieselben Blätter Leitartikel schreibt, GewStpflichtig; ein Privatlehrer, der Mathematikstunden gibt, frei, der ABC-Lehrer pflichtig. (Die 'erziehende' Tätigkeit ist in der neuen Fassung ganz weggefallen.) Es ist nicht wahrscheinlich, daß man sich diese und andere Unterscheidungen vor Augen gehalten hat. Sie sind die Folge davon, daß man etwas, was bloß für Rubrizierung bestimmt war, glaubt auf Regelung der Steuerpflicht anwenden zu können. Am deutlichsten tritt die Sorglosigkeit in dem Zusatz über Gutachter-Tätigkeit hervor. Sie soll der Würdigung als reine Kunst oder reine Wissenschaft nicht entgegenstehen, wenn sie „in geringem Umfang nebenher ausgeübt“ wird. Eine umfangreiche Gutachter-Tätigkeit ist für die Wissenschaft bedeutsamer als eine geringe und von Zufällen abhängige. Aus der Geschichte z. B. der juristischen Wissenschaft sind die umfangreichen Gutachter-Tätigkeiten nicht hinwegzu-

[88] Wortlaut s. o. S. 62.

denken, während die gelegentlichen nur ausnahmsweise zur Bedeutung gelangten. Wenn es je eine 'reine Wissenschaft' der Jurisprudenz gegeben hat, so in der Zeit, als unabhängig von den Gerichten, neben und in der öffentlichen Achtung häufig über ihnen, Rechtsgelehrte standen, die aus der Begutachtung eine Lebensaufgabe machten. An dieser Behandlung der Gutachten zeigt sich der Unterschied zwischen Rubrizierung und Steuerregelung. Wenn ein Gesetz den Apparat des geistigen Arbeiters unter Umständen lieber in der Rubrik der Maschinen und Rohstoffe, als in der Sammelstelle des 'sonstigen Vermögens' haben will, so hängt nicht viel davon ab, wann man die eine, wann die andere Rubrizierung anordnet; und Schwierigkeiten zu machen wegen einer Nebentätigkeit von 'geringem Umfang' war gewiß nicht angezeigt. Wenn man aber die Steuerpflicht regeln und hierzu aus der 'reinen Wissenschaft' eine Rubrik machen will, so muß man sich fragen, ob wirklich die Größe des Umfangs der Reinheit der Wissenschaft Eintrag tut. Alle Erfahrung spricht für Verneinung. Nicht einmal das kann zur Milderung des Irrtums angeführt werden, daß der Umfang eine Norm für die Höhe der Einnahme abgeben, daß man annehmen könne, die umfangreiche Gutachter-Tätigkeit stehe darin dem 'Gewerbe' näher. Denn abgesehen davon, daß man dieses Merkmal bei Porträtmalern und Komödiendichtern nicht anlegt, es trifft auch inhaltlich nicht zu: es gibt Gutachter, die ihrem Gutachten den Seltenheitswert in so hohem Maße erhalten, daß sie mit geringem Umfang höhere Einnahmen erzielen, als andere mit großem. Man möge die Rubrizierungs-Vorschriften des RBewG auffassen, wie man wolle: für die steuerliche Behandlung geben sie keinen Anhalt zu einer Unterscheidung innerhalb der Freien Berufe.

2.

Wenn daher die Versuche, aus dem Wesen der freien Berufstätigkeiten steuerliche Unterscheidungsmerkmale herzuleiten, zu keinem logisch haltbaren Ergebnis geführt haben, so kann ihnen darum doch eine berechtigte Tendenz zugrunde liegen. Es ist an ihr so viel und so wenig berechtigt, wie an jeder Interpretation, die davor schützen will, daß jemand sich eine Gesetzesbestimmung zunutze mache, obgleich er weiß, daß seine Argumentationen am Nebensächlichen haften bleiben und, an der Hauptsache gemessen, nicht aufrechterhalten werden könnten. Kein Gesetzgeber kann seine Worte so fassen, daß nicht den Handhabern noch die Aufgabe zufiele, Wesentliches und Unwesentliches zu unterscheiden. Wenn also das Gesetz allgemein sagt, daß die 'Ausübung einer wissenschaftlichen Tätigkeit' der GewSt nicht unterliege, so mache man keine Versuche, gewisse Zweige wissenschaftlicher Tätigkeiten herauszuinterpretieren; man verlange vielmehr von allen Zweigen, daß das Wissenschaftliche in ihnen nicht bloß irgendwie vorhanden, sondern dem Berufe auch wesentlich sei. Man darf freilich nicht glauben, daß die Grenze wie eine Linienführung sich ermitteln und bestimmen lasse. Freier Beruf und Gewerbe sind beides nicht Begriffe, die durch Nachdenken und Merkmalsbestimmung gewonnen wurden (wie Ellipse, Infusionstierchen, Kausalität u. a.), sondern sie sind historisch erwachsen. Ohne Zuhilfenahme von Anschauen und Empfinden sind sie nicht abzugrenzen. Sobald eine Tätigkeit als Gewerbebetrieb empfunden wird, spricht die Vermutung dafür, daß sie das ist, was wir Gewerbe nennen. In der Regel lassen wir uns dabei durch zwei Kriterien leiten. Das erste ist das Vorhandensein einer sichtbaren Anlage nach Art einer gewerblichen. Noch nie hat ein Chemiker, der eine Fabrik begründete, behauptet, daß er GewStfrei bleiben müsse. In weniger klaren Fällen ist maßgebend, ob die Anlage als naturgemäßer Bestandteil des wissenschaftlichen Berufes ihr Leben entfaltet, oder ob sie als selbständiges Wesen Leben gewinnt, für das die Personalunion nicht mehr als wesentlich bezeichnet werden kann. Ein Badearzt, der in seinem Hause einige Zimmer für solche Patienten bestimmt, die genauer Beobachtung in Diät usw. bedürfen, hat nur einen Beruf: er ist Arzt. Ein anderer aber, der an seine Klienten vermietet, so viele ihrer wollen (gleichviel, ob er ein eigenes Gebäude dafür bestimmt oder eine Zimmerflucht in seinem Wohnhause), hat bei einem gewissen Umfang, zwei Berufe: Arzt und Sanatoriums-Inhaber; jenes ist ein Freier Beruf, dieses ein Gewerbebetrieb. Die Größe des Gewinnes ist nicht maßgebend. Die wenigen Zimmer in dem ersten Beispiel können bei einem Arzte, der in dem Ruf großer Beobachtungsgabe steht, einen so hohen Seltenheitswert erlangen, daß die Einnahme größer ist, als die aus den vielen Zimmern eines Sanatoriums, dessen Arzt in der Hauptsache sich auf die Funktionen eines Besitzers beschränkt, sich ärztlich überwiegend vertreten läßt, um sich mehr seiner Landpraxis zu widmen, ja, möglicherweise sogar nur Leichtkranke oder Rekonvaleszenten aufnimmt, bei denen ärztliche Fürsorge Nebensache ist. — Ein Landschaftsmaler — um an einem Beispiel die gleiche Anwendung auf die Kunst zu zeigen —, der seine Bilder, ein Radierer, der seine Radierungen, ein künstlerischer Tapeten-Entwerfer, der seine Schablonen verkauft, wird noch nicht zum Gewerbtreibenden, wenn er dafür eine Sekretärin in einem besonderen Zimmer beschäftigt; ebenso wie der 'Selbstverlag' eines Buches stets zum schriftstellerischen Betriebe mitgerechnet worden ist. Wenn aber auf eigene Rechnung Kopisten beschäftigt, für den Verkauf Propaganda gemacht, ein kaufmännisches Büro mit kaufmännisch geschultem Personal eingerichtet wird o. ä., so kann durch Zusammentreffen mehrerer derartiger Umstände die Lage in der Tat so verändert werden, daß man mit Recht von einer gewerblichen Tätigkeit neben der freiberuflichen sprechen dürfte. — In manchen Fällen hat die äußerlich wahrnehmbare Anlage von jeher zum Wesen des Freien Berufes gehört und kommt nur als dessen Bestandteil vor. Das Hauptbeispiel dafür ist die Schule. Sie hat in der deutschen Kulturentwicklung als rein gewerbliche Veranstaltung nie eine Rolle gespielt. In England hat Dickens mit seinem David Copperfield die Geister aufgerüttelt; in Deutschland würde das Bild eines Geldschneiders, der auf den Gedanken kommt, für seine habsüchtigen Zwecke eine Schule zu gründen, kaum verstanden worden sein. Der Schulhalter war in Deutschland zu allen Zeiten Lehrer. Die Zähigkeit, mit der wir daran festhalten, daß der Leiter selbst einer Gemeinde-Doppelschule von 16 Klassen, ja auch der Direktor des umfangreichsten und entwickeltsten Reformgymnasiums Lehrer unter Lehrern bleiben muß; die akademische Sitte, nach der der vielbeschäftigte Rektor einer Hochschule während seines Amtsjahres sich von seinen Vorlesungen nicht dispensieren darf, alles das zeigt, wie festgewurzelt bei uns die Anschauung ist, daß, wer Unterrichts- oder Erziehungsanstalten leiten will, selbst Lehrer und Erzieher sein und bleiben muß. Wie für öffentliche, gilt dies unterschiedslos auch für private Schulen. Welche Schicksale in Zukunft das Privatschulwesen in Deutschland unter einer veränderten Gesetzgebung haben wird, läßt sich heute nicht voraussehen. Die Rolle, die es in der Vergangenheit gespielt hat und in der Gegenwart zu einem erheblichen Teile weiter spielt, beruht darauf, daß der Schulhalter Lehrer ist und nicht aufhört, sich als Lehrer zu fühlen, auch während er für die wirtschaftliche Balance seiner Schule, einschließlich der Lehrerbesoldungen und seines eigenen Unterhalts sorgt[89]. — Ein zweites Merkmal kann die Art der Entlohnung abgeben. Hierbei ist die Grenze schwer zu

---

[89] Begrifflich ist es denkbar, daß eine Schule als wirklicher Gewerbebetrieb errichtet wird. Ob es in Deutschland vorkommt (z. B. in Spezialschulen), wäre Sache tatsächlicher Feststellung. Vgl. u. Anm. 109. [90] vgl. u. Anm. 97.

finden. Die Zeiten, wo der Verleger Friedrichsdors sammeln mußte, weil die Sitte verlangte, das 'Honorar' in Gold auf den Tisch zu legen, wo die glücklich geheilte Patientin bei ihrer Entlassung ihrem Arzte die Goldstücke in einer selbstgestickten Börse überreichte, sind vorbei. Liquidation und Zahlung auf Postscheck-Konto gehen ihren Gang wie überall. Daß es ehemals anders war, ist vergessen. Dennoch bestehen Unterschiede, z. B. in der Frage der Gewinnbeteiligung. Die Gewinnbeteiligung des Schriftstellers, die Tantieme des Dramatikers oder Musikers sind hergebrachte Formen. Aber bedeutende Abweichungen vom Herkommen (z. B. ein Gewinnanteil nicht an dem eigenen Buch, sondern an dem Gewinn der ganzen buchhändlerischen Firma) kann unter Umständen eine veränderte geistige Einstellung beweisen. Nur darf man sich auch in solchen Fällen nicht zu dem Irrtum verleiten lassen, daß der Freiberufliche deswegen als Gewerbtreibender betrachtet wird, weil er 'am allgemeinen wirtschaftlichen Verkehr beteiligt ist' (daran sind wir alle beteiligt); sondern: weil seine Beteiligung eine Form angenommen hat, die ihren gewerblichen Charakter dartut. In manchen Berufen gilt die Beteiligung am Erfolge des erteilten Rates oder der gewährten Hilfe für unvereinbar mit dem Wesen des Berufes. Der 'Siegespreis' des Advokaten (palmarium) ist ausgestorben; so gründlich, daß er nicht einmal mehr ausdrücklich verboten wird, weil er für den Rechtsanwalt, der sich als Organ der Rechtspflege fühlt, als selbstverständlich ausgeschlossen gilt. Sicher hat der Freiberufliche seine Grenze da überschritten, wo sie auch für den ehrenwerten Gewerbtreibenden überschritten ist: was an 'Schmiergelder' erinnert, schließt Freiberuflichkeit aus [90].

3.

Im täglichen Leben hat die instinktive Unterscheidung nie Schwierigkeiten gemacht, solange es sich um die Berufe der altherkömmlichen vier Fakultäten handelte. Ganz gleich, ob der studierte Mann sein Wissen zur Belehrung großer Schülerscharen oder zur Beratung eines einzelnen verwendet, zu Vertretungen, zu Hantierungen (Chirurgie), zur Hilfeleistung für andere Forscher (z. B. der berufsmäßige Indexmacher, wie er in England häufig, aber immerhin auch in Deutschland vorkommt), zum Erfinden als Chemiker, zum Verwerten seiner Erfindungen (Abtretung von Patenten oder Lizenzen), — ohne Rücksicht auf Form und Zweck sind alle diese Tätigkeiten stets als wissenschaftliche anerkannt worden, wenn sie auf wissenschaftlicher Basis erfolgten. Die Schwierigkeiten fingen erst an, erheblich zu werden, als neben den Universitäten neue Hochschulen aufkamen, und neue Berufe sich bildeten. Den Veranlagungsbehörden wurde angst und bange; es war ihnen zumute, als ob Leute zu dem Zweck studierten, um sich im Gewerbebetriebe als studierte Leute zu verkleiden. Die Wissenschaftlichkeit der jüngeren Hochschulen galt nicht von Anfang an als selbstverständlich; Technische Hochschulen als solche sind in dem größten Teile Deutschlands erst seit den 70er Jahren anerkannt worden; die Zusprechung voller Gleichberechtigung fiel in noch spätere Zeit. Heute wird die wissenschaftliche Ebenbürtigkeit nicht mehr angezweifelt; und wenngleich der Dr.-Ing. ihnen nur in deutschen Buchstaben zugestanden worden ist, so wäre doch der häufig vorkommende Dr. phil. froh, wenn sein Ansehen dem jüngeren Bruder mit dem Seltenheitswert gleichkäme. Die Ausübung einer wissenschaftlichen Tätigkeit, die auf Technischen Hochschulen vorbereitet zu werden pflegt, kann an sich nicht zu der anders beurteilt werden, als die, die nach altem Herkommen aus einer der vier Fakultäten mitgebracht wird. Nur der Unterschied besteht, daß der Hochschulbesuch zum Zwecke eines zweifellos gewerblichen Berufs an den Universitäten einen kleinen, an den Technischen Hochschulen einen großen Teil der Studierenden (zukünftiger Bau-Unternehmer großen Stils, Erbe einer industriellen Firma u. a.) betrifft. Die Handels-Hochschulen sind ausgesprochenermaßen als Hochschulen für Kaufleute begründet worden, und nur nebenbei bereiten sie für andere Berufe vor (Handelslehrer, Handels-Sachverständige, Konsulatsdienst u. a.). Die Landwirtschaftlichen Hochschulen [91] sind in entsprechender Lage (neben Landwirten: Landwirtschafts-Lehrer, Kulturingenieure, Vermessungsingenieure u. a.). Der quantitative Unterschied ist zwar für das Wesen dieser Hochschulen bedeutsam; für die Beurteilung der Minderheit darf er nicht in Betracht kommen. Wird das wissenschaftliche Niveau dieser neuen Hochschulen anerkannt (und es ist heute allgemein anerkannt), so mag die Zahl derer, die darauf eine 'wissenschaftliche Tätigkeit'

[91] Daß deren Hauptgebiet, die Landwirtschaft, außerhalb des 'Gewerbes' und daher außerhalb unsers Themas liegt, enthebt uns nicht der Verpflichtung, an dieser Stelle auf sie einzugehen. Denn in einem hier maßgebenden Punkte stimmen sie mit den Handels-Hochschulen überein: die Studierenden wollen und sollen im späteren Leben nichts anderes sein als ihre Berufsgenossen (nicht 'lateinische Landwirte'); und daneben gehen aus ihnen auch solche hervor, die sich einem 'studierten Beruf' widmen. Übrigens werden an den Landwirtschaftlichen Hochschulen auch Gewerbe doziert (Brennerei, Brauerei, Stärke- und Zuckerindustrie u. a.).

begründen, groß oder klein sein: für den Einzelfall bleibt die Frage dieselbe. Die Prüfung des individuellen Falles war früher in der Hauptsache eine Frage der Kategorie, zu der er zu rechnen ist. Aber jetzt trat nicht bloß eine Vermehrung der Kategorien ein (damit hätten sich die Behörden verhältnismäßig schnell abgefunden), sondern im Wandel der Zeit tauchten beständig neue Berufe auf, für die es eine Kategorie nicht (oder noch nicht) gab.

Wenn ein Architekt, der für Dome, Schlösser, Rathäuser Pläne entwirft, stets als Künstler betrachtet wurde, so war es unschwer einzusehen, daß ein ebenso entwerfender Bauingenieur, der sich nicht als Künstler betrachtete, eine wissenschaftliche Tätigkeit entfaltete; es war eine leicht faßbare neue Kategorie (übrigens nur teilweise neu). Auch gegenüber Straßen-, Brücken-, Wasser-Ingenieuren, Maschinen-, elektrotechnischen Berg- oder Hütten-Ingenieuren war die wissenschaftliche Beheimatung leicht, da ihre Bezeichnungen genau den 'Abteilungen', später 'Fakultäten', der Technischen Hochschulen entsprachen, und dies dem Denkbedürfnis nach festen Kategorien entgegenkam. Die wissenschaftliche Grundlage, in festbenannten Fächern leicht erkennbar, wurde nie bestritten; und die Frage, ob man es mit einer 'wissenschaftlichen Tätigkeit' zu tun habe oder mit einem gewerblichen Unternehmen, wurde nicht anders behandelt als bei den alten Studienfächern (Chemischer Erfinder — Fabrikbesitzer). Um die Jahrhundertwende aber traten Ingenieure auf, die lediglich davon lebten, daß sie Unternehmern jeden Faches Ratschläge erteilten, sei es in Teilfragen, sei es auch für die Gestaltung des Betriebes im ganzen. Hier stockte der gewohnte Gedankengang: eine Fakultät für 'Beratende Ingenieure' gab es nicht und konnte es nicht geben. Und doch wäre es widersinnig gewesen, das, was dem Absolventen jedes einzelnen Faches bewilligt wurde, dem zu versagen, der nicht an dem Spezialfach seiner Jugend haften geblieben war und gerade um seiner mehr universalen Bildung wegen von Ratsuchenden begehrt wurde. Aber nach Überwindung einer kurzen Übergangszeit kamen doch die streng wissenschaftlichen Voraussetzungen und Elemente dieser Berater-Tätigkeit zur Geltung. Von wenigen Ausnahmen abgesehen — bei denen vermutlich individuelle Gründe [92] vorlagen —, haben auch die Finanzämter und Oberbehörden, sobald der Nachweis geführt war, daß es sich

---

[92] so z. B. Einnahme-Erzielung durch sog. 'Provisionen' (s. o. S. 86). — Allerdings unbedingt ausgeschlossen ist selbst hier nicht, daß eine Ausnahme in Ehren vorkommen kann. Vor einiger Zeit hat sich ein Fall ereignet, wo einem beratenden Ingenieur, der u. a. den Auftrag hatte, ge-

um eine Tätigkeit auf wissenschaftlicher Grundlage handelte, von einer Veranlagung abgesehen[92a].

Zu den wunderlichsten Vorkommnissen gehört es, daß, nachdem der 'Beratende Ingenieur' allgemein als wissenschaftlicher Beruf anerkannt ist, dem 'Beratenden Patentingenieur' bei den Behörden Schwierigkeiten gemacht werden. Ein Patentingenieur kann auf keine andere Art entstehen, als daß zu der vollen Ausbildung eines Ingenieurs (in welchem Ingenieurfach auch immer) noch eine besondere Ausbildung einmal in Patentierungssachen und sodann in der Verbreiterung, Vertiefung und Zuspitzung seiner technischen Kenntnisse hinzukommt. Die Patent-Abteilungen großer industrieller Firmen haben Einrichtungen für die Ausbildung von Ingenieuren zu Patentingenieuren[93]. Es pflegt eine sorgfältige Auslese voranzugehen, ein gewisses Alter (etwa 30 Jahre) und Bewährung im Beruf verlangt zu werden. Ihnen zu versagen, was den Ingenieuren im allgemeinen gewährt wird, mutet an, wie wenn man in unsrer alten Armee die Generalstabs-Offiziere für weniger erklären wollte als die andern. Der Grund kann vermutet werden. Wahrscheinlich fällt der Veranlagungsbehörde ein, daß es Patentanwälte gibt, denen man die GewStFreiheit nicht hat versagen können, da sie (seit 1900) ebenso staatlich abgestempelt wurden wie die Rechtsanwälte. Nun aber, meint man, müsse es irgendwo eine Grenze haben. Es scheint, daß man unter einem

---

eignete Lieferanten zu empfehlen, der Auftraggeber erklärte, an der Zahlung eines Honorars verhindert zu sein (dies kann vorkommen, z. B. wenn der Betreffende an einen Etat gebunden ist); er kenne aber die persönliche Ehrenhaftigkeit seines Ratgebers und habe nichts dagegen, wenn dieser mit den Lieferanten Abmachungen treffe, was in voller Offenheit geschehen könne. Der Fall ist deswegen bemerkenswert, weil er beweist, daß individuelle Beurteilung dem Zensiten niemals versagt werden darf.

[92a] Daher gibt es auch anscheinend keine literarische Behandlung der Frage (außer gelegentlicher Besprechung von Entscheidungen (wie: Bauwelt 25. Juli 1929, S. 696). Der Verein Beratender Ingenieure (Hamburg) gibt zur Orientierung über den Beruf ein 'Flugblatt' heraus. Der IV. Internationale Kongreß der Beratenden Ingenieure, Amsterdam 12. bis 15. September 1928, hat die Frage auf die Tagesordnung gesetzt: „Innerhalb welcher Grenzen ist die Tätigkeit öffentlicher Ämter usw. auf dem Arbeitsgebiete Beratender Ingenieure mit den Interessen der Allgemeinheit vereinbar?" Hierüber hat Br. Bauer, Präsident des Verbandes Technischer Anwälte Österreichs ein Referat erstattet, das als die zur Zeit beste Darstellung der Berufstätigkeit anerkannt ist (abgedruckt: Mitteilungen der österr. Ingenieurkammern, 1. November 1928, S. 7—13).

[93] Aus den Siemens-Werken ist eine so ausgezeichnete Beschreibung dieser Einrichtung hervorgegangen, daß die Beschreibung allein schon ein Beweis für die hier herrschende strenge Wissenschaftlichkeit ist: Ludwig Fischer, Die Arbeit des Patentingenieurs in ihren psychologischen Zusammenhängen, Berlin 1923. (Vgl. die folgende Anm.)

Beratenden Patentingenieur, der nicht eingetragener Patentanwalt ist, sich eine Art Winkelkonsulenten vorstellt[94].

Noch unbequemer wird die Ermittelung der Wissenschaftlichkeit, wenn neue Berufe ihren Platz zwischen verschiedenen Hochschulen einnehmen. Nationalökonomie wird heute außer an den Universitäten auch an Technischen, Landwirtschaftlichen und Handels-Hochschulen gelehrt, und zwar an manchen in besonders reicher Besetzung und Versorgung. Dies berührte die Steuerbehörden nicht, so lange Nationalökonomen nur als Angestellte in Erscheinung traten (als 'Volkswirtschaftliche Sekretäre' oder 'Volkswirtschaftliche Syndizi' von Handels-, Handwerks-, Landwirtschaftskammern, in privaten Interessenvertretungen, als Handelsredakteure u. a.) und als solche für GewSt nicht in Betracht kamen. Etwa seit der Jahrhundertwende stellte sich ein Bedürfnis nach volkswirtschaftlicher Be-

[94] Die Frage freilich, ob jeder, der sich 'Beratender Patentingenieur' nennt, das ist, was man sich darunter vorstellt, bleibt quaestio facti. Daß an mißbräuchliche und irreführende Benennungen keine Behörde gebunden ist, wird allgemein anerkannt werden. Die literarische Debatte über die notwendige Vorbildung betrifft hauptsächlich die Frage, ob neben den studierten Patentanwälten auch Patent-Sachwalter eingetragen werden sollen, die ihre Vorbildung in einer Technischen Mittelschule und in einer längeren Praxis erworben haben ('Beratung und Vertretung auf dem Gebiete des gewerblichen Rechtsschutzes'. Denkschrift, hrsg. vom Verbande Beratender Patentingenieure. Bremen, Roepke, 1925. — Dazu Ldw. Fischer in der Ztschr. 'Gewerbl. Rechtsschutz', Oktober 1929. Weiteres in dem Organ des Verbandes Beratender Patentingenieure 'Technik und Gewerblicher Rechtsschutz', Oktoberheft 1929 u. ö.). Vom Standpunkte der vorliegenden Arbeit ist zu dieser Vorbildungsfrage nicht anders Stellung zu nehmen wie zu jeder andern. Das Gesetz enthält keine Bestimmung darüber, wie der Nachweis zu führen ist, daß eine Tätigkeit auf wissenschaftlicher Grundlage erfolgt. In einem Lande, in dem die staatliche Regelung der wissenschaftlichen Vorbildungen einen solchen Umfang angenommen hat wie in Deutschland, und in dem diese Regelungen auch für Zwecke, für die sie nicht vorgeschrieben sind, willig befolgt werden, wird in der Regel der Nachweis auf diese Art zu führen sein. Es kann aber die Wissenschaftlichkeit nicht auf die beschränkt werden, die über diesen Nachweis verfügen. In der Geschichte der Wissenschaften gibt es erlauchte Beispiele von Männern, die nicht (oder nur vorübergehend) eine Hochschule besucht haben; und noch größer ist die Zahl derer, die zwar studiert haben, aber nicht das Fach, in dem sie zu Ansehen gelangt sind. Niemand wird Ricardo, Thünen, John Stuart Mill geringer einschätzen als studierte Nationalökonomen, oder dem Verfasser des 'Systems der erworbenen Rechte' vorbehalten, daß er nicht in der juristischen Fakultät immatrikuliert gewesen ist. Wenn in den Universitätsfächern niemals die Anerkennung der Wissenschaftlichkeit auf Diplom-Inhaber beschränkt war, so kann dies auch von den Fächern der neuen Hochschulen nicht gelten. Allerdings ist in der Freiheit der Beweisführung nicht etwa die Freiheit der Niveau-Herabdrückung enthalten. Diese und manche anderen die Entscheidung komplizierenden Fragen liegen außerhalb des Rahmens unserer Arbeit. Für uns kommt es nur auf den prinzipiellen Satz an: wenn allgemein anerkannt ist, daß es einen wissenschaftlichen Beruf 'Beratender Ingenieur' gibt, so darf nicht prinzipiell bestritten werden, daß es auch einen wissenschaftlichen Beruf 'Beratender Patentingenieur' geben kann; niemand hat das Recht, der Neubildung wissenschaftlicher Berufe Halt zu gebieten.

ratung in anderer Weise, als durch Verbandsanstellung heraus. Am frühesten vielleicht für Erwerbszweige, die noch nicht bis zur Vereinsbildung gelangt waren, ja manchmal noch nicht das Bewußtsein der neuen Branchebildung hatten. Es kam vor, daß geschulte Nationalökonomen verwandte neue Geschäftszweige zueinander brachten, eine Organisation durchführten, dieser die feste Anstellung eines Nationalökonomen anempfahlen, sich selbst aber weiter ähnlichen Aufgaben einer freien Tätigkeit widmeten. Mit der zunehmenden Bedeutung der Kartelle und Syndikate nahmen auch ihre Beziehungen untereinander zu. Die Produzenten des einen Verbandes sind Lieferanten eines andern, Abnehmer eines dritten, Konkurrenten oder Kampfgenossen eines vierten. Der angestellte Nationalökonom eines Verbandes sammelt nicht mehr alle den Verband interessierenden Erfahrungen; es war Platz für Raterteiler, die zwischen den Verbänden standen. Eine mit offenem Blick geleitete Firma will für Ausdehnung ihrer überseeischen Beziehungen, für die sachgemäße Abgrenzung ihres Aus- und Aufbaus (horizontal, vertikal), für das Verhältnis zu Arbeitern gerade auch die Meinung solcher Sachverständiger hören, die nicht ihre Angestellten und überhaupt nicht Angestellte eines Betriebes oder einer Branche sind, sondern dem gesamten Geschäftsleben in wechselnder Tätigkeit als Beobachter gegenüberstehen. Bei dem steigenden Umfang der Steuerarbeiten hat sie in auftauchenden Fragen ein Bedürfnis nach einer objektiven Beratung, die für das Interesse des Steuerpflichtigen Verständnis hat, aber auch zur Vermeidung aussichtsloser Verranntheiten von vornherein über den Sinn der Steuer Aufklärung gibt. Eine Firma mittleren Umfangs, die für einen anzustellenden Nationalökonomen nicht ausreichende Beschäftigung hätte, kann gleichwohl (namentlich bei dem Wechsel aller volks- und weltwirtschaftlichen Beziehungen seit der Kriegszeit) auf Probleme stoßen, die eine einschlägige Beratung wünschenwert machen. Solche Nationalökonomen in freier eigener Tätigkeit, eine neue Erscheinung in unserm Berufsleben, suchten einzelne Steuerbehörden als Gewerbtreibende aufzufassen. Obgleich klar war, daß ihr Rat nur wegen seiner wissenschaftlichen Grundlage begehrt wurde (denn jede andere erforderliche Sachkenntnis war bei den Ratsuchenden selbst vorhanden), so sträubte man sich doch gegen eine Anerkennung, der jede Art von staatlicher Abstempelung fehlte; um so mehr, da es den Behörden schwer wurde, zwischen den verschiedenen Bezeichnungen als 'Beratender Volkswirt', 'Wirtschaftswissenschaftlicher Sachverständiger', 'Organisator', 'Wissenschaftlicher Steuerberater' (dieser in schwierigen Fragen selbst von Finanzbehörden zu Rate gezogen) hindurchzufinden. Leichter wurde es den Behörden, seitdem von dem Dr. phil ein eigener Dr. rer. pol. abgezweigt und vollends seitdem der 'Diplom-Volkswirt' eingeführt worden ist. Gerade die Neuschöpfung des 'Diplom-Volkswirt', die von allen Beteiligten als unzulänglich und als bloße Vorstufe betrachtet wird, hat auf die Behörden den größten Eindruck gemacht; denn wenn der Staat 'Volkswirte' abstempelt, so müsse es doch einen Beruf für sie geben. Weniger trat eine Berufsbeziehung im Dr. rer. pol. hervor, und noch weniger im Dr. phil., den doch gerade die streng-wissenschaftlichen Naturen am ehesten bevorzugen. So haben hier zur Anerkennung der Wissenschaftlichkeit die drei Grade in der entgegengesetzten Reihenfolge gewirkt, in der sie Wissenschaftlichkeit beurkunden. Das geschah aus Scheu davor, auf Grund eigenen Urteils das Vorhandensein eines neuen wissenschaftlichen Berufs festzustellen. Nachdem diese Scheu überwunden war, haben die Finanzämter auch die Schwierigkeiten überwunden, die in diesem Falle einer sachgemäßen individuellen Unterscheidung sich in der Tat entgegenstellen. Solange von den zwei Stockwerken, in die bei uns in der Regel die Vorbereitung zu einem wissenschaftlichen Berufe gegliedert ist (theoretisch und praktisch, z. B. Referendar und Assessor), für Nationalökonomen von Staats wegen die eine geregelt ist, die andere nicht, besteht die Möglichkeit, daß 'Beratende Volkswirte' auftreten, die sich im wesentlichen darauf verlassen, durch Routine vorwärtszukommen, und eine unzulängliche kurze Studienzeit als spanische Wand zur Verdeckung des Sachverhalts vorschieben. Zur „Ausübung einer 'wissenschaftlichen Tätigkeit' ist zweierlei zu erlernen: einmal die Wissenschaft und sodann die Ausübung der Tätigkeit. Für das zweite ist einstweilen die Selbsthilfe der Standesorganisation in Gestalt der Forderung eines 'Freiwilligen Referendariats' eingetreten. Der 'Reichsverband Deutscher Volkswirte' hat sich eine Organisation gegeben, in der die Bezeichnung 'Beratender Volkswirt RDV' von den Finanzämtern als ausreichende Gewähr dafür anerkannt wird, daß die Vorbedingungen erfüllt sind. Damit ist dem Gesetz nach allen Seiten Genüge geschehen; vorausgesetzt, daß (wie bei jedem wissenschaftlichen Beruf) ein anderer, individueller, Nachweis nicht verschränkt wird[95].

[95] Seit dem Zusammenarbeiten des Reichsverbandes Deutscher Volkswirte mit den Behörden ist das gesamte einschlägige Material bei dem Verbande konzentriert und teilweise in Verbands-Drucksachen für den Gebrauch in diesem Zusammenarbeiten dargestellt. Einiges auch in der Verbands-Zeitschrift 'Volkswirtschaftliche Blätter', jetzt 'Der Volkswirt', so 1925, Heft 4; 1927, Heft 2.

Die Verlegenheiten der Behörde erreichen den Gipfelpunkt, wenn innerhalb eines überlieferten Berufs eine neue Generation anfängt, die Ziele höherzustecken, die Grundlagen tieferzulegen und einen wissenschaftlichen Bildungsgang schafft, wo früher nur Elementarkenntnisse und praktische Routine vorhanden waren. Eine solche Umwandlung hat sich im Laufe des letzten Vierteljahrhunderts unter den kaufmännischen Revisoren vollzogen. Sie waren ursprünglich bloße Bücherrevisoren, die die ordnungsmäßige Eintragung in Handlungsbücher, die Aufstellung von Bilanz und Inventur prüften und den Ursachen von Buchungsfehlern nachzugehen wußten. Um die Jahrhundertwende wurden einzelne Beobachter darauf aufmerksam, daß in bezug auf kaufmännische Revisionen Deutschland gegenüber dem Auslande im Rückstande war. In den angelsächsischen Ländern gab es 'Acoountants' (ähnlich in Frankreich, Holland u. a.), die sich zur Aufgabe machten: die Möglichkeiten kaufmännischen Erfolges theoretisch zu durchdenken und auf Grrund ihrer privat- und volkswirtschaftlichen Vorbildung Handels-, Fabrikations- u. a. Betriebe daraufhin zu revidieren, ob sie sachlich richtig geleitet seien, ihre Gewinnchancen ausnützten, es aus Scheu vor Unkosten unterließen oder auch an Unkosten (z. B. Reklame) über das optimum hinausgingen, ob sie im Verhältnis leitender und ausführender Kosten Abnormitäten zeigten. Niemals, bevor es theoretisch gebildete Revisoren gab, ist ein Revisor auf den Gedanken gekommen, tägliche Bilanzen oder monatliche Erfolgsrechnungen zu empfehlen. Das Verständnis für die Notwendigkeit einer kaufmännischen Statistik neben der kaufmännischen Buchhaltung geht zum großen Teil auf diese veränderte Durchdenkung des Interessenkreises zurück. Die sozialpolitisch umgewandelte Einstellung zu Angestellten und Arbeitern wurde nicht mehr bloß als aufgezwungene Notwendigkeit, sondern als Faktor geschäftlichen Erfolges gewürdigt. Die neuen Sachverständigen prüften die geographischen Vorbedingungen des Geschäftserfolges (Standortsfragen). Sie waren volkswirtschaftlich ausreichend geschult, um über den einzelnen Betrieb hinauszugehen und gemeinsame Einrichtungen eines Geschäftszweiges, ja mehrerer oder selbst aller darzutun (z. B. Kredit-Kontrolle). Sie wurden Vertrauenspersonen für die Ausarbeitung von Sanierungsplänen. In Amerika gab es Anfänge einer Hochschulbildung für den neuen Beruf. In Deutschland fingen die damals neu entstehenden Treuhand-Gesellschaften an, ihren Revisionen einen so erweiterten Sinn zu geben, und die gleichzeitig aufkommenden Handels-Hochschulen schufen eine wissenschaftliche Disziplin des Handels und aller kaufmännisch betriebenen Geschäftszweige, die dahin tendierte, neben die Lehre von der Volkswirtschaft eine Lehre von der Privatwirtschaft zu setzen. Innerhalb der neuen Professuren der 'Handelsbetriebslehre', 'Privatwirtschaftslehre', 'Betriebswirtschaftslehre' stellte sich heraus, daß auch die Buchhaltung für schwierige oder umfassende Fragen einer anderen theoretischen und insbesondere streng begrifflichen Unterlage bedurfte, als die bloßen Praktiker sie besaßen. Die nunmehr herangebildeten 'Wirtschaftswissenschaftlichen Sachverständigen', 'Wirtschaftsanwälte', 'Treuhänder', 'Geschäftsberater' übten eine Tätigkeit, von der die Durchsicht der Bücher nur einen kleinen Teil bildete; und selbst wo sie 'Bücherrevisoren' blieben, hatte ihre Revisionstätigkeit mit der alten so wenig gemein, daß sie die rein zahlenmäßige Prüfung der Buchungen und Bilanzen ihren Assistenten überließen, sich selbst die höhere Kritik und die Folgerungen daraus vorbehaltend. Daß hier die 'Ausübung einer wissenschaftlichen Tätigkeit' vorliegt, kann niemand bestreiten, der diese Entwicklung verfolgt hat. Wo dies in Zweifel gezogen wurde, lag es zum Teil an irreführender Fragestellung.

Dieses Beispiel bietet daher einen willkommenen Anlaß, um an ihm die sachgemäße Formulierung der entscheidenden Frage für wissenschaftliche Berufe im allgemeinen zu besprechen. Die Frage, ob der Beruf des Bücherrevisors zu den wissenschaftlichen Berufen gehöre oder nicht, ist eine Suggestivfrage. Sie suggeriert dem Gefragten, daß die Einheitlichkeit des Berufes feststehe; sie suggeriert ferner, daß es auf diese Einheitlichkeit ankomme. Beides ist unzutreffend. Es ist nicht notwendig, daß ein Beruf einen in jeder Beziehung einheitlichen Charakter habe. Derselbe Beruf kann in der Hand des bloßen Routiniers eine Art Handwerks-, in der Hand des theoretisch Gebildeten ein wissenschaftlicher Beruf sein. Es hat bis tief in das 19. Jh. hinein zweierlei Chirurgen gegeben; und es gibt noch heute zweierlei Baumeister. Auf die Einheitlichkeit des Berufs kann es in der Streitfrage schon deswegen nicht ankommen, weil die maßgebende Gesetzesstelle zwischen Berufen und Tätigkeiten unterscheidet. Die Berufe, die das Gesetz heraushebt ('amtlicher Beruf', 'Beruf als Arzt' usw.), sind in ihrer Totalität GewStfrei; in andern Berufen tritt die GewStFreiheit nur ein, wenn der Zensit eine 'wissenschaftliche usw. Tätigkeit' ausübt. Bei jenen ist der Beruf einheitlich gedacht; die Verschiedenheiten sollen signoriert werden. Hier sind die Verschiedenheiten das einzig Ausschlaggebende: wer eine wissenschaftliche Tätigkeit ausübt, ist GewStfrei, ohne Rücksicht darauf, ob die andern, die sich zu demselben Berufe zählen, ihre Tätigkeit wissenschaftlich nennen können oder nicht. Daher ist die Hoffnung unbegründet, daß eine Streitfrage, wie jene, jemals durch 'höchstrichterliche Entscheidung', durch 'ständige Judikatur' oder ähnliches aus der Welt geschafft werden könnte. Zwar wenn die Frage, ob in einem Berufe als Ganzem die Tätigkeit wissenschaftlich ist, bejaht wird, so ist sie für jedes Mitglied bejaht. Wird sie aber verneint, so ist damit nicht die Möglichkeit verneint, daß einzelne Mitglieder daraus eine wissenschaftliche Tätigkeit entwickeln, und das Gesetz macht keinen Unterschied, ob dies zur Herausbildung eines äußerlich erkennbaren neuen Berufes geführt hat, oder nicht, oder noch nicht. Ist ein Revisor zur GewSt veranlagt, so darf ihm für den Einwand, daß seine Tätigkeit wissenschaftlich sei, das Gehör nicht versagt werden. Durch Präjudiz im voraus feststellen zu wollen, daß sie es nicht sei, wäre ebenso, wie wenn man durch Präjudiz feststellen wollte, daß in Zukunft jeder des Landesverrats Beschuldigte wegen Landesverrats zu verurteilen sei. Ob ein Sachverhalt unter einen Paragraphen fallen werde, darüber kann man sich für zukünftige Fälle einigen. Darüber aber für zukünftige Fälle sich einigen zu wollen, ob der Sachverhalt als vorhanden anerkannt werden solle, wäre pactum de dolo futuro. Obgleich daher denen, die in einem Berufsstande Wissenschaftlichkeit schaffen, wo sie vorher nicht vorhanden war, ihre Rechte nicht dadurch verloren gehen können, daß andere Urteiler in andern Fällen diese Wissenschaftlichkeit nicht gesehen haben: so muß doch anerkannt werden, daß im Falle des kaufmännischen Revisors den Behörden eine Aufgabe von ungewöhnlicher Schwierigkeit erwachsen ist. 'Bücherrevisor' ist eine seit Menschengedenken feststehende Berufsbezeichnung, bei der niemand an Wissenschaftlichkeit dachte. Für die veränderte Tätigkeit den unveränderten Namen beizubehalten, erschwert die Orientierung. Die Hindernisse, die der Beilegung einer angemessenen Bezeichnung daraus erwachsen, daß ältere Berufsstände ein Eigentum am Namen beanspruchen und ausdehnend interpretieren, müssen überwunden werden können, wenn die Sprache kein anderes Mittel zur Verfügung stellt, um für eine Sache eine sachgemäße Bezeichnung zu finden[96].

---

[96] Einen Fingerzeig dafür s. o. S. 92. — Wie aus der obigen Darstellung hervorgeht, ist aus Anlaß der Buch-Sachverständigen und der husarenmäßigen Abweisung ihrer Wissenschaftlichkeit die viel weiter reichende Frage aufgetaucht, ob es zulässig ist, Zensiten nach den Zuständen zu beurteilen, deren Überhöhung ihr Verdienst ist. Mit unter diesem Gesichtspunkt ist die Frage allseitig behandelt von G. Strutz-München (Der Begriff der Freien Berufe und der Beruf des Bücherrevisor: Ztschr. des Verbandes Deutscher Bücherrevisoren, Mai 1924, S. 87—103). Über

Die hier zusammenstellend besprochenen Tätigkeiten haben bei aller Verschiedenheit das eine gemeinsam, daß sie für gewerbliche Tätigkeit Beratung gewähren in einer Form, die nicht gewerblich ist. Es ist ein bedeutsamer Akt der Arbeitsteilung, der sich hier vor unsern Augen vollzieht: aus der Ratserteilung wird ein Beruf gemacht. Dieser Gedanke ist an sich nicht neu; er fällt zu einem erheblichen Teile mit der modernen Auffassung zusammen, daß frühzeitiges Vorbeugen wichtiger sei als nachträgliches Heilen; daß unabhängige und korrekte Feststellung von Tatsachen eine Aufgabe für sich sei und andern zufalle, als denen, die auf Grund dessen zu handeln haben. Aber für unser Thema schufen bisher diese Berater-Tätigkeiten nicht neue Fragen, weil sie sich in Berufe einschoben, die ohnedies GewStfrei waren. Als Banken, Aktiengesellschaften, große Firmen aller Art anfingen, sich ständige juristische Berater zu halten, waren und blieben dies 'Rechtsanwälte'; ebenso wie Hygieniker, Pathologen, Bakteriologen, Laboratoriums-Inhaber 'Ärzte' bleiben. Erst als die wissenschaftliche Beratung in einen Stand eindrang, der früher ruhig seine GewSt zahlte, empfanden es die Behörden als etwas Unerhörtes; manchem mag die Begründung einer neuen Wissenschaft als eine Art GewStKontravention vorgekommen sein. Diese Anfangsstadien liegen heute hinter uns. Heute ist die Frage der wissenschaftlichen Berater keine andere, als die der wissenschaftlichen Tätigkeiten überhaupt. Es liegt im Wesen der Wissenschaft, daß aus ihr stets neue Tätigkeiten sich müssen entwickeln können.

c) Ist der Analogie-Schluß zulässig?

Als naheliegendes Hilfsmittel zur Verständigung über den Kreis der Freien Berufe wurde die Analogie mit den Berufen benutzt, die im Gesetz ausdrücklich genannt sind (GewStV § 3 [2]). Namentlich neu entstehende Berufe haben geltend gemacht, daß ihre Tätigkeit der des Rechtsanwalts usw. genau analog und daher ebenso zu behandeln sei. Da dieser Analogie-Schluß aber von anderer Seite als unzulässig erklärt wurde, so wurde er eine neue Quelle des Streites. Die Frage, ob

---

den Fortgang der Streitfrage s. Betriebswirtschaftl. Rundschau, März 1929, S. 59—62 (H. Rohde) und S. 73/4; auch fortlaufend in den Jahresberichten des Verbandes Deutscher Bücherrevisoren (Sitz Berlin, Geschäftsstelle Leipzig). — Aus den Ausführungen im Text geht hervor, daß die vorliegende Abhandlung nicht zu der Frage Stellung nimmt, ob der Bücherrevisor alten Schlages im Aussterben begriffen ist; ebensowenig zu der Frage, wie das zahlenmäßige Verhältnis der wissenschaftlich Gebildeten zu denen ist, deren Tätigkeit auch heute auf bloßer Routine beruht.

der Analogie-Schluß erlaubt ist, steht heute im Mittelpunkt zahlreicher Steuerprozesse.

Es ist nicht zu sehen, wie man aus der Jurisprudenz oder aus der Nationalökonomie Argumente zur Entscheidung eines Streites über das Wesen der Analogie sollte entnehmen können. Der Streit gehört dem Gebiete der Logik an. Will man zu einer Verständigung gelangen, so ist vor allem zu beachten, daß es zwei Arten von Analogien gibt: die beweisende und die illustrierende. Jene will Beweis sein; diese setzt voraus, daß der Beweis bereits anderweit geführt ist und will ihn nur noch einleuchtender machen. Die beweisende Analogie ist ein gefährliches Hilfsmittel, und die Vorsichtsregeln für ihre Anwendung stehen nicht ausreichend fest. Daher ist die Anwendung dieser Analogie im Strafrecht untersagt: nulla poena sine lege. Daß die Behörden sich dagegen sträuben, auf Grund einer bewilligten Steuerfreiheit eine analoge einzuräumen, ist berechtigt (und es wäre nur zu wünschen, daß sie die beweisende Analogie ebenso vermeiden, wenn es sich um eine Steuerpflicht handelt). Hingegen die Anwendung der illustrierenden Analogie ist im Wesen unserer Denkorganisation begründet. Wir können uns in der Welt nicht anders zurechtfinden, als daß wir gleiches zu gleichem, ähnliches zu ähnlichem stellen. Ohne Analogien wäre die Welt für uns ein Chaos. Nicht wir bilden diese Analogien, sondern sie bilden sich in uns. Wir üben diesen Denkmodus nicht, weil wir wollen, sondern weil wir müssen. Auf eine mit Naturnotwendigkeit sich vollziehende physiologische Funktion unsers Denkapparats haben Verbote keinen Einfluß. Wenn durch höchstrichterliche Entscheidung Atmen und Verdauen für rechtlich unzulässig erklärt würden, so würden die Menschen gleichwohl fortfahren zu atmen und zu verdauen, einschließlich der Richter. Und wenn durch höchstrichterliche Entscheidung die illustrierende Analogie für unzulässig erklärt würde, so würden die Menschen gleichwohl fortfahren in dieser Denkform zu denken, einschließlich der Richter, die den Beschluß gefaßt haben.

In Wirklichkeit ist in unserm Falle auch nicht der Versuch gemacht worden, die illustrierende Analogie für unzulässig zu erklären. Es ist nur bestritten worden, daß ihre Voraussetzungen vorliegen. Voraussetzung jeder Analogie ist das Vorhandensein eines (sicheren) Beispiels, dem ein anderes (umstrittenes) analog sein soll. Von der einen Seite wurden als solche Beispiele die im Gesetzestext genannten herangezogen: „insbesondere auch des Berufes als Arzt... als Rechtsanwalt..." Von der andern Seite wurde bestritten, daß dies Beispiele seien; das Gesetz habe vielmehr die Absicht gehabt, die genannten Berufe zweifelsfrei zu stellen, ohne Rücksicht darauf, ob sie zu den vorher genannten allgemeinen Gruppen gehören. Diese Frage muß also zunächst entschieden werden.

Das Besondere ist der Gegensatz zum Allgemeinen. Wenn eine allgemeine Regel aufgestellt wird, so enthält das Besondere die einzelnen Fälle. Im Verhältnis zur Regel sind die einzelnen Fälle stets Beispiele. Kündigt der Gesetzgeber an, daß er ins Besondere gehen werde, so kündigt er an, daß er Beispiele nennen werde. Wer bestreitet, daß 'insbesondere' ein Beispiel sei, kann mit demselben Recht sagen, daß ein Beispiel kein Beispiel sei. Es wird allerdings wohl möglich sein, aus unsrer Gesetzessprache Fälle anzuführen, wo in salopper Weise das Wort 'insbesondere' so gebraucht wird, daß ein Hinausgehen über den vorher gebrauchten allgemeinen Satz mit gedeckt sein soll, also etwa in dem Sinne: 'jedoch stets' oder ähnlich. Allein wenn der Gesetzgeber sich das eine oder andere Mal nachlässig ausgedrückt hat, so darf dies nicht zur Grundlage der Interpretation in allen Fällen gemacht werden (am wenigsten von jemandem, der sich seinerseits gegen Analogieschlüsse wendet).

Gegen die Berufung auf Beispiele werden aber noch andere Gründe geltend gemacht. Da § 3 [2] künstlerische, wissenschaftliche, schriftstellerische, unterrichtende oder erziehende Tätigkeit ununterbrochen hintereinander nenne und erst am Schluß einzelne Berufe folgen lasse, so könne man nicht wissen, für welche der fünf Tätigkeiten die nachfolgenden Berufe als Beispiele gelten sollen; und vollends die Berufe der Geometer und Dentisten fielen unter keine der fünf. Diese Argumentation wäre vielleicht beachtenswert, wenn man mit ihrer Hilfe zu einem widerspruchsfreien Ergebnis gelangen könnte. Da sie aber ihre strenge Logik nur aufbietet, um den unlogischen Ausweg plausibel zu machen, daß Beispiele nicht Beispiele sein sollen, so bieten sie keine Basis der Verständigung. Wenn ein Satz dem Verständnis Schwierigkeiten entgegenstellt, so ist es nicht erlaubt, den Erklärungsversuch gerade auf die Teile zu stützen, die der Sitz der Schwierigkeiten sind; namentlich dann nicht, wenn man weiß, daß sie nachträglich eingeschoben sind, zum Teil in ungehöriger Unterbringung [97], zum Teil in (wirklichem oder vermeintlichem) Notausweg [98]. Stützt man sich nicht auf die beiden Einschübe (Feldmesser etc., Dentisten), sieht man vielmehr zunächst, um sich den Sinn des Satzes

---

[97] s. o. S. 53. [98] s. o. S. 57 [60].

klarzumachen, von ihnen ab, so ist der Aufbau der Ziffer 2 eindeutig. Der Gesetzgeber sprach aus, was er schon vorfand: Ärzte und Rechtsanwälte waren nicht Gewerbe, und zwar deswegen nicht, weil ihre Tätigkeiten wissenschaftliche waren. Dies hätte zwar deutlicher gemacht werden können, indem man sie gleich bei 'wissenschaftliche' erwähnt hätte. Für das richtige Verständnis notwendig war es nicht. Denn bei Erlaß des Gesetzes von 1891 wußte man, daß niemand einen Arzt oder Rechtsanwalt für einen Gewerbtreibenden hält; und daß ihre Tätigkeit nicht künstlerisch, schriftstellerisch, unterrichtend oder erziehend ist, weiß man noch heute.

Danach können wir zu der Frage des Analogie-Beweises Stellung nehmen. Geometer und Dentisten können zum Analogie-Beweis nicht herangezogen werden. Ärzte und Rechtsanwälte können herangezogen werden, aber in logisch bestimmtem Sinne. Wenn jemand seine Steuerfreiheit nur damit begründen kann, daß er eine Analogie mit Ärzten oder Rechtsanwälten dartut, so hat er nichts bewiesen. Wenn er aber bereits den Beweis geführt hat, daß sein Beruf eine wissenschaftliche Tätigkeit darstellt, und er dem Beweise noch die Illustration hinzufügt, daß sein Beruf dem des Arztes oder Rechtsanwalts in den maßgebenden Punkten genau analog ist, so wird der Sieg, den er ohnedies errungen hat, durch die illustrierende Analogie bis zum Zusammenbruch des Gegners gesteigert.

d) Welchen Sinn hat die Stellung der Freien Berufe? Ratio legis.

So oft auch die 'Absicht des Gesetzgebers' mißbräuchlicherweise zum alleinigen Interpretationsgrund gemacht worden ist: noch weniger als mit ihr allein könnte man ganz ohne sie zu einer angemessenen Gesetzeserklärung gelangen. In dieser Beziehung aber hat an unserm Falle die Entwicklung der Gesetzgebung eine so schwierige Lage geschaffen, wie vielleicht in keinem andern. Nach dem GewStG von 1891 war der Sinn der Bestimmung über GewStFreiheit klar: die Freien Berufe sollen keine GewSt zahlen, weil sie keine Gewerbe sind. Die Notverordnung von 1923 hat den Wortlaut der Bestimmung über die GewStFreiheit in der Hauptsache unverändert gelassen, aber eine dazu nicht passende Definition übergestülpt, die (abgekürzt ausgedrückt) jede Erwerbstätigkeit für ein Gewerbe erklären will. Jetzt ist für die Bestimmung eine ratio legis aus dem geltenden Gesetz selbst nicht mehr zu entnehmen. Es bleibt nur übrig: die Steuerfreiheit, wie sie im Wortlaut unverändert blieb, so auch in der Motivierung als unverändert anzusehen. Es ist ungefähr so, wie eine Marmorfigur weiß bleibt, auch wenn man sie geschmackloserweise unter eine grüne Glasglocke gestellt hat. Der Gesetzgeber wußte, daß die Marmorfigur weiß geblieben war, er schrak davor zurück, die Konsequenz der aufgestellten Definition zu ziehen: er korrigierte sie. Die ratio legis einer Bestimmung bleibt dieselbe, ob der Gesetzgeber die Bestimmung zuerst verkündete, weil sie aus dem vorschwebenden Begriff als dessen Konsequenz von selbst erfloß, oder weil sie unter dem bewußt gemachten neuen Begriff sich als dessen Korrektur erzwang. Die Ermittlung der ratio legis läuft also nach wie vor auf die historisch-gesellschaftliche Frage hinaus, wie jene Freiheit entstanden ist. Wir haben gesehen, daß sie auf keinen Akt der Gesetzgebung zurückgeht. Die Freien Berufe sind nicht aus dem Gewerbe herausgenommen worden. Sie haben vielmehr nie darin gestanden: sie sind, wenn auch in veränderter Umgrenzung, so doch in ununterbrochener Folge, noch heute die Fortsetzung der alten artes liberales.

Wenn die Freien Berufe deswegen keine GewSt zahlen, weil sie nicht Gewerbe sind, so kann man ihre GewStFreiheit nicht aus Gegenleistungen (wie Armenanwalt, ärztliche Anzeigepflicht u. ä.) herleiten. Denn eine solche Begründung würde voraussetzen, daß die Freien Berufe an sich Gewerbe seien. Übrigens haben Handel und Industrie auch derartige Verpflichtungen, und zwar in nicht geringem Maße. Der Industrielle hat heute seine Arbeiter zur ESt zu veranlagen und leistet dem Staat die Dienste eines Steuereintreibers; zusammen mit andern Eintreibungs-, Anzeige- und ähnlichen Verpflichtungen hat ein großes Industrieunternehmen heute bereits ein Büro zu beschäftigen.

Ferner müssen Begründungen abgelehnt werden, die dartun wollen, daß gewisse Freie Berufe keine „Beteiligung am allgemeinen wirtschaftlichen Verkehr" darstellen. Diese Begründung ist nur ersonnen worden, um die Freien Berufe in solche einteilen zu können, die jene Beteiligung aufweisen und in solche, die sie nicht aufweisen, und um die (nun einmal nicht zu versagende) GewStFreiheit wenigstens auf den ersteren Kreis einzuengen. Alle, die von einem Freien Beruf sich ernähren, haben eine auf Gewinnerzielung gerichtete Tätigkeit und eben dadurch eine Beteiligung am allgemeinen wirtschaftlichen Verkehr. In der arbeitsteiligen Gesellschaft kann es keine ernährende Tätigkeit geben, die nicht eine Beteiligung am allgemeinen wirtschaftlichen Verkehr darstellte. Dies muß so oft wiederholt werden, wie der gegenteilige Satz wiederholt wird. — Ist ein Gesetz mit vernunftgemäßem Inhalt nachträglich in eine gegenteilige Definition hineingestellt worden, so mögen an der logischen Vexierfrage, welche Folgen das haben kann oder nicht haben kann, andere sich die Zähne ausbeißen: an dieser Stelle haben wir es glücklicherweise nur mit der Frage zu tun, woher die ratio legis entnommen werden kann. Es ist jedenfalls keine Hoffnung, sie dort zu finden, wo überhaupt keine ratio vorhanden ist. Wer von den Freien Berufen beweisen will, daß ein Merkmal jener Definition auf sie nicht zutreffe, verstrickt sich in die Widersprüche, die er bekämpfen will.

Eine Schwierigkeit eigener Art erwächst dem Suchen nach der ratio legis daraus, daß — ein seltener Fall — man nicht versuchen darf, sie auf Gerechtigkeit zu begründen. Denn den Sinn einer Steuerfreiheit darauf zurückzuführen, daß die Heranziehung ungerecht sein würde, scheint wenig glaubhaft bei einer Steuer, die dieselbe Rücksicht gegenüber andern nicht übt. Da die freiberuflichen Tätigkeiten auf die Person zugeschnitten sind, so spielen Betriebskapital und Organisation bei ihnen in den meisten Fällen keine und niemals eine entscheidende Rolle; ihrem Tätigkeitskreise haftet kein Firmenwert an, der nach dem Tode fortdauert. Gewiß wäre es ungerecht, auf sie eine Steuer auszudehnen, die auf entgegengesetzten Voraussetzungen beruht. Aber auch unter den Pflichtigen gibt es viele, die, selbst mit Hilfspersonen, kaum mehr herauswirtschaften als den eigenen Arbeitslohn, und die wissen, daß nach ihrem Tode sich kein Fortsetzer finden kann. Einem Gesetzgeber, der die Gerechtigkeits-Pflicht dieser Unterscheidung sonst nicht geübt hat, kann man als ratio legis nicht unterschieben, daß er gerade hier sie habe üben wollen.

Endlich kann man auch damit die GewStFreiheit nicht begründen, daß man grundsätzlich den 'Beruf' gegen das 'Gewerbe' ausspielt. Man kann die Verschiedenheit nicht so formulieren, daß die Angehörigen der Freien Berufe einen Beruf und kein Gewerbe, die Gewerbtreibenden ein Gewerbe, aber keinen Beruf hätten. Gerade an diesem Punkt zeigt es sich, wie unmöglich es ist, die heutigen Zustände ohne ein Zurückgehen auf frühere Jahrhunderte zu verstehen. Wir haben gesehen, wie irrig es ist, von einer alten Zeit zu sprechen, in der die ständisch gegliederte Gesellschaft ihren Berufen nachgegangen sei, ohne dem Erwerb eine größere Bedeutung beizulegen; wie gerade die mittelalterliche Auffassung dieser Gliederung durchweg darauf beruht, daß jeder aus seinem Beruf die wirtschaftliche Gegenleistung erwartet. Auch heute ist es nicht richtig, daß der Erwerbsden Berufsgedanken verschlungen hat. Gerade auf die Kreise, die man gewöhnlich als Beispiele des unersättlichen Gewinnstrebens anführt, die Unternehmernaturen größten Stils, trifft es nicht zu. Ein Geschäft so zu leiten, daß es Gewinn abwirft, ist ihnen eine erlernbare Fähigkeit; in ihren Kreisen kann man den Ausspruch hören „Geld verdienen kann jeder Schafskopf". Auf Einfluß, Herrschaftsführung, Schöpfung dauernder Organisationen ist ihr Berufs-Ehrgeiz gerichtet. Die Anschauung andrerseits, als ob für die Angehörigen der Freien Berufe das Berrufsleben das einzig maßgebende, der Gewinn, der daraus zufließt, nur etwas Untergeordnetes sei, ist ebenso unrichtig. Selbst in Familien mit Gelehrten-Traditionen werden bei der Wahl eines Berufes, dessen 'Aussichten' in weitestem Umfange erörtert, und wahrscheinlich eingehender, sicher sachkundiger, als in Handwerkerfamilien.

Trotzdem liegt in der letztgenannten Unterscheidung der Ansatz zur richtigen Pfadfindung. Zwar sind Erwerbszweck und Beruf allen Schichten der arbeitsteiligen Gesellschaft gemeinsam. Aber die gewerbtreibende Bevölkerung geht vom Erwerbszweck ihrer Tätigkeit aus und gelangt durch den Erwerb zum Berufsempfinden. Der Sinn der Freien Berufe ist es, vom Beruf auszugehen und von diesem aus zum Erwerb zu gelangen. „Daß die das Evangelium verkündigen, sollen sich vom Evangelium nähren" [99]. Je mehr heute der Erwerbszweck das Leben zu überschwemmen droht, desto mehr hat der Staat ein Interesse an Dämmen und Wehren, die sich aus alter Zeit her noch erhalten haben. Dieses staatliche Interesse ist nicht eine Eigentümlichkeit seiner Steuer-Gesetzgebung; es tritt überall hervor, wo der Staat mit diesen Berufskreisen zu tun hat. Das ist der Grund, weswegen in dieser Frage GO und GewStG in der Idee zusammenhängen. Und nicht der Staat suggeriert sich dieses Interesse am Aufbau der Gesellschaft, sondern der Gesellschaftskörper selbst reagiert auf die Wucht jener drohenden Entwicklung. Zeugnis dessen ist der Sprachgebrauch, der sich auf das kräftigste zur Wehr setzte, als man ihm einmal zumutete, Ärzte, Rechtsanwälte und dergleichen als Gewerbtreibende zu bezeichnen. — Darum ist für unser Thema keine Untersuchung darüber nötig, inwieweit diese Stände wirklich so sind; der Gesetzgeber gibt ihnen die Stellung, weil er haben will, daß sie so sein sollen. Ein Damm ist ein Damm, weil er die Wassermassen aufhalten soll; er hört nicht auf, auch dort

---

[99] vgl. die ganze Bibelstelle und die Ausführungen dazu: o. S. 6[6].

ein Damm zu sein, wo in den Niederungen eine beginnende Überschwemmung sich über ihn erhoben hat. Erst wenn er ganz vom Meere verschlungen wäre und verschlungen bliebe, würde er aufhören, Damm zu sein. Daß in den Freien Berufen eine derartige katastrophale Umwandlung ganz oder annähernd eingetreten sei, wird sich nicht behaupten lassen. Sucht man für einen Bedürftigen, der keiner Kasse angehört, ärztliche Hilfe, so fällt es in geeigneten Fällen nicht schwer, sie unentgeltlich zu erhalten; ebenso für einen unschuldig Verfolgten (wenn aus irgendwelchen Gründen Armenrecht oder Offizialverteidiger vermieden werden sollen) einen Rechtsanwalt. Es ist nicht zu leugnen, daß in den Höhenlagen der Literatur der schriftstellerische Erwerb den schriftstellerischen Beruf vielfach überwuchert. Die poetische Jahresproduktion der Meistgelesenen macht den Eindruck, daß für den Weihnachtsmarkt produziert werden muß. Die deutsche Literaturgeschichte wird vielleicht dereinst die hohen Tantiemen dafür verantwortlich machen, daß das ausgereifte große Drama ausgeblieben ist, weil nach den ersten Erfolgen eines Dichters die Prämie, die auf schnelle Halbfabrikate gesetzt war, zu verlockend hoch sich gestaltete. Aber wenn darüber alles, was unter Ärzten und Rechtsanwälten, unter wissenschaftlichen Beratern aller Art, unter Schriftstellern, Lehrern, Künstlern an besonderer Berufstreue und Berufsliebe erhalten hat, übersehen wird, so geschieht es deswegen, weil man — Gott sei Dank — sie noch immer als selbstverständlich ansieht. Von dem Papierlieferanten des Ministeriums verlangt niemand, er solle auf die Papierlieferung verzichten, wenn an Stelle eines liberalen ein konservatives Ministerium eingezogen ist. Wenn aber eine liberale Zeitung von einem Konsortium mit konservativem Programm angekauft würde, und der Redaktionsstab würde bleiben, so würde man das, in Deutschland wenigstens, als ein unerhörtes Vorkommnis betrachten. Aus welchen Erwägungen heraus auch jemand zu dem Beruf des Arztes, des Rechtsanwalts, des Schriftstellers gekommen ist: sobald er Angehöriger dieses Berufes ist, soll er dem Berufe leben, und erst dadurch dazu kommen, auch von ihm zu leben[100].

---

[100] Marcuse (S. 14) hat für den hier vorliegenden Unterschied zuerst eine Formulierung gegeben: „Verzicht auf die Ausnutzung aller Erwerbsmöglichkeiten." Mit einer kleinen Modifikation (denn alle Möglichkeiten soll und will der ehrenwerte Gewerbtreibende auch nicht ausnutzen) wird sie auf Zustimmung rechnen können. Nur der sprachlichen Gegenüberstellung Beruf kontra Gewerbe vermag ich mich nicht anzuschließen (vgl. o. S. 102). Die im Text gegebene Formulierung scheint mir das Wesentliche an der verschiedenen geistigen Einstellung auszudrücken; erst daraus folgt die Verschiedenheit in dem Grade der Ausnutzung von Erwerbsmöglichkeiten.

Mögen also diejenigen, die zu unsrer Frage Stellung nehmen wollen, sie lediglich vom Staatsinteresse aus beantworten. Sind sie der Meinung, der Staat habe ein Interesse daran, seine bisherige Stellung zu ändern und die Entwicklung der Freien Berufe nach der Seite des Gewerbes zu verstärken, so mögen sie dem Gesetzgeber zureden, Ärzte, Rechtsanwälte, Schriftsteller überall so zu behandeln, als ob sie Gewerbtreibende wären. Wer aber zu der Meinung gelangt, der Staat habe ein Interesse daran, daß Rechtsanwälte, Ärzte, Künstler, Schriftsteller die Vorstellung behalten, daß, wenn sie auch vom Beruf zum Erwerb kommen und kommen wollen, ihre Lebensführung durch den Beruf bestimmt bleibe, — der wird dafür sein, daß der Staat sie nicht als Gewerbtreibende bezeichne; und für den wird die GewStFreiheit kein Problem bilden.

e) Die Frage der Rechtsgültigkeit.

Ein Landesgesetz, das den Reichsgesetzen widerspricht, ist ungültig. Wenn daher die Länder nach § 8 des FAG Gewerbesteuern zu erheben haben, so scheint auf den ersten Blick lediglich die Frage zu prüfen, ob die Freien Berufe Gewerbe seien; und wenn die Frage verneint wird, würde damit auch die Rechtsgültigkeit der Steuer verneint sein. Aber diese Schlußfolgerung ist nicht so sicher wie sie aussieht. Ist eine Tätigkeit kein Gewerbe, so folgt daraus nur, daß die Befugnis zu ihrer Besteuerung von den Ländern nicht auf jene vom Reich erteilte Ermächtigung gegründet werden kann. Da aber die Länder bis heute die Finanzhoheit, soweit sie ihnen nicht ausdrücklich entzogen ist, behalten haben, so bliebe immer noch die Möglichkeit, daß sie jene Befugnis auf ihre allgemeine Finanzhoheit stützen. Dann wäre zu prüfen, ob es etwa eine andere reichsrechtliche Bestimmung gibt, auf Grund deren ein solches Landesgesetz für ungültig zu erklären wäre. Gibt es eine solche nicht, so ist auch damit die Frage noch nicht erledigt, da das Reich ein darüber hinausgehendes Veto besitzt, soweit der Schutz seiner Finanzen es erforderlich macht. Es handelt sich hier also um einen Komplex dreier Fragen, die zwar eng miteinander verbunden sind, aber in der Behandlung auseinandergehalten werden müssen.

1. Die Frage, ob die Freien Berufe Gewerbe sind, ist für uns in verneinendem Sinne entschieden. Es gibt keine Möglichkeit, ein Landesgesetz, das die Freien Berufe zu einer Steuer heranzieht, auf den § 8 des FAG zu stützen. Daß dies von den meisten Anhängern des Besteuerungsplanes bereits anerkannt ist, zeigt

sich in der schnellen Verbreitung der Lippe-Detmolder Erfindung, die erweiterte Steuer nicht mehr Gewerbe-, sondern Gewerbe- und Berufssteuer zu nennen. Danach ist die Frage der Rechtsgültigkeit auf die Frage reduziert:

2. Ob eine Landes-Berufssteuer mit dem Reichsrecht vereinbar ist. Das Reich erhebt eine ESt, und damit sind 'gleichartige Steuern' durch die Länder ausgeschlossen (FAG § 2). Es besteht Einverständnis darüber, daß damit nicht bloß wirkliche Einkommen-, sondern auch andere Steuern ausgeschlossen sind, die einer ESt 'gleichartig' sind. Aber wann ist eine Steuer einer andern 'gleichartig'? Rein sprachlich lautet die Antwort darauf: wenn sie derselben Art angehört. Die Anwendung des Begriffes setzt also eine Klassifikation nach Arten voraus. Jede Klassifikation bewegt sich von oben nach unten, indem sie immer engere Kreise schafft. Wenn es eine allgemein anerkannte Klassifikation der Steuern gäbe, so brauchte man sich nur darüber schlüssig zu werden, bei welchem Grade der Engigkeit das Wort Art seinen Platz hat (etwa wie in der Botanik: Klassen, Ordnungen, Familien, Gattungen, Arten). Daß es bis jetzt eine solche angenommene Klassifikation nicht gibt, zeigt sich schon darin, daß manche Einteilungen (wie z. B. in direkte und indirekte Steuern), auch wenn sie von allen Fachmännern abgelehnt werden, sich noch erhalten, wo dem Bedürfnis nach Verständigung noch keine andere dient. Es ist also nicht möglich, auf diesem Wege zu einem Ergebnis zu gelangen, und es bleibt nichts übrig, als aus dem Sinn des Verbots einen Rückschluß auf den Sinn der Gleichartigkeit zu machen. Daß dem Reich der Gedanke vorgeschwebt habe, eine Anzapfung seiner Steuerquelle durch die Länder zu verhindern, kann in dieser Form nicht richtig sein. Denn so weit ist die volkswirtschaftliche Bildung schließlich doch durchgedrungen, daß niemand mehr das Einkommen für eine Steuerquelle neben andern hält. Volkswirtschaftlich werden alle Steuern aus dem Einkommen bestritten (wenn sie nicht, was immer nur vorübergehend möglich ist, den Grundstock angreifen, oder gar angreifen sollen). In dieser Beziehung wäre es also gleichgültig, auf welche Art von Steuern sich die Länder werfen; denn durch jede Steuer wird die gemeinsame Steuerquelle, das Einkommen, angezapft, und die Steuern unterscheiden sich nur nach den Merkmalen, die sie der Anzapfung zugrundelegen. Ob die Länder sich desselben Merkmals (Einkommen) bedienen, wie das Reich, oder eines andern, würde für die Frage der Beeinträchtigung der Quelle unerheblich sein, wenn es eine Gewähr dafür gäbe, daß jede Einschätzung wahrheitsgemäß erfolgt. Da wir aber bei allen

Einschätzungen, insbesondere bei allen Selbsteinschätzungen, mit der Schwäche der menschlichen Natur rechnen müssen, so besteht ein steuertechnisches Interesse daran, die Besteuerung nach einem Merkmal nicht höher zu belasten, als mit dieser Schwäche vereinbar ist. Das Reich will seine ESt so hoch treiben, wie es mit der Hoffnung auf wahrheitsgemäße Deklaration nur irgend vereinbar ist (weswegen es auch den Anteil, den die Länder haben sollen, schon mit hineinnimmt und den Ländern auszahlt). Würden die Länder zu der ESt Zuschläge erheben, so würde die Prämie auf falsche Deklarationen höher werden, als das Reich mit dem moralischen Stande seiner Untertanen für vereinbar hält. Ist eine andere Landessteuer so konstruiert, daß sie tatsächlich dieselbe Wirkung auf Unter-Deklarationen bei der ESt ausübt, so trifft auch dasselbe Bedenken zu. Das Reich verbietet Zuschläge zu seinen Steuern und gleichartige Steuern, weil beide dieselbe psychologische Wirkung haben. So aufgefaßt ergeben die beiden Absätze des § 2 FAG einen zusammenhängenden Sinn:

„Die Inanspruchnahme von Steuern für das Reich schließt die Erhebung gleichartiger Steuern durch die Länder und Gemeinden (Gemeindeverbände) aus, wenn nicht reichsgesetzlich ein anderes vorgeschrieben ist.

Die Erhebung von Zuschlägen zu Reichssteuern ist den Ländern und Gemeinden (Gemeindeverbänden) nur auf Grund reichsgesetzlicher Ermächtigung gestattet."

Wollen wir also die Frage entscheiden, ob eine Berufssteuer nach Art der GewSt, auf die Freien Berufe gelegt, der ESt 'gleichartig' ist, so haben wir uns an die Rolle zu halten, die das Merkmal des Einkommens bei der Veranlagung zu spielen berufen ist. Für die Veranlagung eines Rechtsanwalts, eines Arztes, Schriftstellers, Porträtmalers usw. zu einer 'Ertragssteuer' kann als Grundlage nur das Einkommen genommen werden. Fälle, in denen der Ertrag etwas wesentlich anderes ist als das Einkommen, werden in diesen Kategorien, wenn sie sich überhaupt ereignen, so selten sein, daß sie nicht berücksichtigt zu werden brauchen. Bei der Selbsteinschätzung zur ESt weiß der Pflichtige, daß er mit der Zahl, die er hineinschreibt, sich nicht nur für die Einkommen-, sondern gleichzeitig auch für die Berufssteuer das Urteil spricht, d. h. es tritt gerade die Gefahr der psychologischen Überlastung ein, zu deren Verhinderung der § 2 bestimmt ist. Im Sinne des § 2 ist also jene geplante Steuer auf die Freien Berufe der ESt gleichartig. — Gegen diese Argumentation gibt es freilich einen Gegengrund. Denn sie trifft auch auf die GewSt der Gewerbtreibenden zu. In Wirklichkeit wird ja heute keine GewSt nach 'Erträgen' veranlagt, sondern überall bildet die vorliegende EStErklärung die Grundlage: Ertrag = Einkommen + Schuldenzinsen. Die Konsequenz der obigen Argumentation würde also sein, eine GewSt der Länder überhaupt für unzulässig zu erklären. Aber das Verbot gleichartiger Steuern gilt nur, „wenn nicht reichsgesetzlich ein anderes vorgeschrieben ist". Und da das Reich einmal die GewSt erlaubt (ja, sogar anbefohlen) hat, so ist — der Grund mag sein, welcher er wolle[101] — die Zulässigkeit rechtlich festgestellt. Damit aber ist die Beweisführung auf das zurückgeworfen, was bereits unter Punkt 1 erledigt ist: auf die rechsgesetzliche Ermächtigung. Das heißt, unser Ergebnis geht dahin: wenn und da die Ausdehnung der GewSt auf Freie Berufe in der Ermächtigung keine Grundlage findet, so ist jeder Versuch vergebens, ihr eine andere Grundlage zu beschaffen. — Für die Deutlichkeit, mit der die reichsgesetzliche Unzulässigkeit hervortritt, gibt es drei Intensitätsgrade. Schon in der stillschweigenden Ausdehnung einer Steuer, die GewSt sein soll, auf Berufe, die nicht Gewerbe sind, ist der Widerspruch ausreichend klar. Wenn aber sogar der Gesetzgeber sich selbst genötigt sieht, Gewerbe- und Berufssteuer zu sagen, so ist der Widerspruch, wenn möglich, noch klarer. Man stelle sich vor, daß ein Land eine Steuer auf alle Berufe lege, und niemand würde mehr bestreiten, daß dies in der Hauptsache eine zweite ESt sei. Dieser dritte Intensitätsgrad wäre in der mehrfach erwähnten neuen Definition (Gewerbe = auf Gewinnerzielung gerichtete selbständige Tätigkeit, die sich als Beteiligung am allgemeinen wirtschaftlichen Verkehr darstellt) vollständig erreicht, wenn sie nicht die 'Selbständigkeit' noch als Beschränkung behalten hätte. In bezug auf die 'Selbständigen' proklamiert diese Definition in der Tat eine allgemeine Berufssteuer. Denn wo wir von wirtschaftlichen Dingen sprechen (und das ist doch wohl in einem Steuergesetze der Fall), gibt es für uns in der arbeitsteiligen Gesellschaft, in der jeder nur leben kann,

[101] Den Grund zu erraten ist nicht schwer. Für die Frage, wie Steuern zwischen Reich und Ländern (ja, auch nur zwischen Ländern und Kommunen) sachgemäß zu verteilen sind, gibt es in der Finanzwissenschaft keine ausreichenden Vorarbeiten. Einer der wenigen Sätze, die wenigstens einen Anschein allgemeiner Anerkennung dadurch erhalten, daß sie sich von Gesetz zu Gesetz und Lehrbuch zu Lehrbuch schleppen, ist der, daß die sog. 'Ertragssteuern' für die Unterverbände geeigneter seien. Unter den schwierigen Verhältnissen, unter denen das FAG geschaffen werden und Ländern und Gemeinden doch irgend etwas geboten werden mußte, hat der Ertrinkende nach diesem Strohhalm gegriffen.

indem er für andere tätig ist, keinen Beruf, der nicht auf Gewinnerzielung gerichtet wäre, keinen, der sich nicht als Beteiligung am allgemeinen wirtschaftlichen Verkehr durch Geben und Empfangen darstellte. Daß eine Berufssteuer für Selbständige in dieser Allgemeinheit neben der ESt des Reiches nicht zulässig sei, wird vermutlich von den Urhebern der Definition nicht bestritten werden; bestreiten werden sie wahrscheinlich nur, daß in der Preußischen GewSt dieser Paragraph sich vollständig auswirke, da ja das Register der (zu Ausnahmen gestempelten) GewStFreiheiten ihn wiederum einengt und das Gesetz also doch wieder auf den Umfang einer (reichsgesetzlich zugelassenen) GewSt zurückführe. Damit ergibt sich ein logisches Problem. Ist der grundlegende Satz eines Landesgesetzes ungültig, so wird dadurch (soweit dürfte Übereinstimmung herrschen) das ganze Gesetz ungültig. Wenn aber nachträglich in dem Gesetz soviel Einengungen angebracht sind, daß in dem Rest keine Gesetzwidrigkeit mehr nachzuweisen ist, wird dann (gewissermaßen nachträglich) das Gesetz doch wieder gültig? Diese Frage wird man verschieden beantworten, je nach der Auffassung, die man von einem Rechtsstreite über diese Frage hat. Stellt man sich den preußischen Landes-Gesetzgeber als angeklagten Verbrecher vor, so wird man ihm nach dem Grundsatz 'in dubio pro reo' vielleicht Gutgläubigkeit zuerkennen müssen. Hält man aber die Judikatur über die Kollision zwischen Reichs- und Landesgesetzen für eine Einrichtung, die dafür zu sorgen hat, daß Einheit und Würde der Rechtsordnung gewahrt bleiben, so wird man es mit dieser Wahrung nicht für vereinbar halten, daß der Landes-Gesetzgeber einen Satz ausspricht, den er nicht aussprechen darf; selbst wenn er nachträglich dafür sorgt, daß die äußersten Konsequenzen vermieden werden. Die Länder sind nicht befugt, Landes-Berufssteuern einzuführen; und wenn sie es trotzdem tun, so sind ihre Gesetze ungültig.

3. Aber selbst diejenigen, die sich zutrauen, eine solche Landes-Gesetzgebung durch dieses klippenreiche Meer hindurchzusteuern, ohne daß sie auf die Sandbank einer reichsrechtlichen Kassierung geriete, werden kaum bestreiten können, daß hier die Schädigung der Reichsinteressen vorliegt, gegen die das FAG Handhaben gewähren will. Hierbei ist es ein Irrtum, daß die Länder in ihren Gesetzgebungen diese Rücksicht nicht zu nehmen brauchten, sondern das nachträgliche Veto des Reiches abwarten dürften. Der § 3 FAG sagt ausdrücklich, daß solche Steuern „nicht erhoben werden sollen". Die Länder dürfen also nicht Gesetze erlassen, nach denen solche Steuern erhoben werden müssen. Die verächtliche Art,

in der heute von 'bloßen Soll-Vorschriften' die Rede ist, findet in unserer Gesetzgebung keine Stütze. Daß die Verletzung einer Soll-Vorschrift nicht wie die einer Muß-Vorschrift Nichtigkeit zur Folge hat, hat mit der Frage des pflichtmäßigen Gehorsams nichts zu tun. Sämtliche Zehngebote sind 'bloße Soll-Vorschriften'. Es ist Pflicht der Landesregierungen und der Landesparlamente, dafür zu sorgen, daß nicht Steuergesetze ergehen, die den § 3 FAG verletzen. Allerdings, wenn es zum Streit kommt, entscheidet der Reichsrat, in dem die Länder alle Stimmen, und das Reich gar keine hat. Dieser bedauerliche Mangel in dem Schutze der Reichsinteressen kann nur ein Grund mehr sein, die Gefahr, die ihnen von dieser Seite her droht, zu betonen. Abgesehen von einzelnen zahlenmäßig nachweisbaren[101a] Schäden wird das Reich durch die Unterminierung der Grundlagen seiner Steuerverfassung geschädigt. Hat das Reich in der Wahrung seiner Finanzinteressen sich genötigt gesehen, den Ländern Einkommensteuern zu verbieten, so sind diese Interessen ebenso gefährdet, wenn die Länder Steuern mit denselben Wirkungen unter anderen Namen verdecken. Das Reich kann dieses Treiben nicht dulden, und es wird ihm bei weiterer Ausdehnung schwerer entgegentreten können, als in den heutigen Anfängen.

Der Scharfsinn, der aufgewendet wird, um die rechtliche Zulässigkeit einer zweifelhaften Maßregel zu erweisen, täuscht leicht über den geringen Wert eines etwa erzielten 'Erfolges'. Den Seiltänzer, der auf schmalster Linie mit geschickter Handhabung der Balancierstange Gleichgewicht gehalten hat, mögen seine Zuschauer bewundern: ein brauchbarer Weg für die Fortbewegung ist das Seil nachher ebensowenig wie vorher. Eine schwankende Rechtsgrundlage ist nach einem Höchstgerichts-Urteil ebenso schwankend, wie sie vorher war. Wenn anders noch daran geglaubt wird, daß die einzige Sicherheit einer Rechtsgrundlage in der Überzeugung des Volkes von ihrer Rechtmäßigkeit besteht.

101a Daß es auch solche gibt, hat Marcuse (S. 13) dargetan: bei einem Rechtsanwalt mit einem Einkommen von 18000 Mark und einer GewSt von 1600 Mark, beträgt, da diese 1600 Mark bei der ESt abzuziehen sind, der Steuerausfall für das Reich 320 Mark. Allerdings verlangt das FAG die Aufhebung des Landesgesetzes nur dann, wenn die entgegenstehenden Interessen der Reichsfinanzen 'überwiegend' sind. Es müßte endlich Material darüber vorgelegt werden, wie hoch die beiderseitigen Interessen sind. Selbst wer die Interessen des Reichs für gering erklärt, hat immer noch nicht bewiesen, daß die der Länder nicht noch geringer sein können. Manche Debatten in den Ländern machen den Eindruck, daß die Verteidiger der Steuerausdehnung kein Material besitzen, auf Grund dessen sie ein erhebliches Interesse der Landes- oder Kommunalfinanzen behaupten könnten; die wahren Gründe sind andere: vgl. o. S. 62—65.

VI. Was tun?

1.

Ein Mittel gibt es, die Klagen über mißbräuchliche Ausdehnung der GewSt zu beseitigen: die Abschaffung der GewSt. Es sind jetzt 36 Jahre her, seitdem ich darauf aufmerksam machte[102], daß die damals in der Miquelschen Steuerreform reorganisierte Steuer (eine an sich bewundernswerte Leistung!) in der veränderten Gesamt-Steuerverfassung sich als ein Fremdling ausnehme. Ehemals waren die fünf Ertragssteuern ein sinnvolles wissenschaftliches System, um durch ihre Gesamtheit das Einkommen zu erfassen. Wo diese Erfassung durch eine allgemeine ESt gelungen war[103], blieb eine einzelne 'Ertragsteuer' als eine zur Doppelbelastung gewordene Sondersteuer bestehen, die ihren ursprünglichen Sinn verloren hatte (abgesehen von Bodenfläche und Bodensteuer, zu denen der Staat besondere Beziehungen hatte und dauernd behielt). Die Praktiker beriefen sich auf ein angeblich theoretisch festgestelltes Wesen der Ertragssteuern, während dieses sich doch nur deswegen von Lehrbuch zu Lehrbuch schleppte, weil die Praktiker es nötig hatten, sich darauf zu berufen. Als der mit den Fangarmen einer allgemeinen ESt ausgerüstete Staat die GewSt fallen ließ, ersann man für ihre Beibehaltung als Kommunalsteuer die Doktrin von Leistung und Gegenleistung als kommunales Steuerprinzip: da die Gewerbebetriebe der Gemeinde Ausgaben verursachen, so müßten sie auch zu den Einnahmen beisteuern. Wenn das wahr wäre, so könnte es einen Grund abgeben, die Gewerbe nach dem Maße der Ausgaben-Verursachung heranzuziehen, aber nicht nach dem Maß ihrer Erträge. Ein Handwerker kann nicht einsehen, daß er den Ertrag seiner Werkstatt einer Sondersteuer unterwerfen soll, weil die Arbeitermassen einer Fabrik Schul- und Armenlasten erhöhen. Auch

[102] Jastrow, Über Ertragssteuern. Mit bes. Rücksicht auf die preußische Steuerreform: (Berliner) Vierteljahrsschr. für Volkswirtschaft 117 (1893), S. 1—26; Die neue Gewerbesteuer in Preußen: Sozialpolitisches Zentralblatt, 26. Dez. 1892.

[103] s. o. S. 42—44.

wird es schwer sein, glaubhaft zu machen, daß die Eröffnung eines Bankgeschäftes der Gemeinde neue Lasten gebracht habe. Ja, Handel und Industrie werfen die Frage auf: wenn sie insgesamt die Stadt verlassen würden, würden die städtischen Finanzen dann besser oder schlechter stehen? Wie soll man es sich zusammenreimen, daß der Gewerbfleiß im ganzen als Nährer der Stadtgemeinde gerühmt wird, während jeder Gewerbebetrieb ihr Mehrkosten verursacht? Niemand wird den Gemeinden das Recht bestreiten, da, wo sie eine Kostenvermehrung durch einzelne Gewerbe glaubhaft machen, Beiträge oder Gebühren, der Sachlage angemessen, festzusetzen. Aber die GewSt als Ganzes ist gerichtet[104].

Dadurch erhält das Ankämpfen gegen die Rechtmäßigkeit einzelner GewSt-Anordnungen, mögen sie geltendes Recht, mögen sie Neuforderungen sein, ein Gepräge, anders als in andern Steuermaterien. Der Punkt ist überschritten bis zu dem der Ankämpfende noch von einer Widerlegung seines Arguments abhängig bleibt. Denn der wahre Grund seines Aufbegehrens über Einzelbestimmungen ist die Erregung über die GewSt selbst, als eine ungerechte Steuer. So spielt sich das

Die hier eingetretene Rechtsverwirrung wird heute in ihrer Bedeutsamkeit noch unterschätzt. Durch sie ist es soweit gekommen, daß die Ausdehnung einer Steuer gefordert wird, nicht obgleich, sondern weil sie ungerecht ist. Die schon Belasteten und die neu Bedrohten streiten über die Rechtmäßigkeit der neuen Ausdehnung; über die Ungerechtigkeit der alten Grundlage stimmen sie überein. — Die Steuergerechtigkeit kann sich niemals in der einzelnen, sondern nur im System aller Steuern zusammen zeigen. Das Quantum von Ungerechtigkeit, das der einzelnen Steuer mit Notwendigkeit anhaftet, bleibt erträglich bei erträglichem Steuerfuß. Die Mäßigung im Steuerfuß gehört also zu den Grundlagen der Gerechtigkeit. Der Satz kann so bemessen sein, daß er eine Verdoppelung, vielleicht eine Verdreifachung noch erträgt. Wenn aber die Verfünffachung schon alltäglich, Vorbringen der einzelnen Argumente in einer aufgeregten Bewegung ab, die von einer in Unruhe laufenden Ursache getrieben wird. Ein rotierender Kreis, der auf einem sich bewegenden Kreise rollt. Wer wagt es, diese Zykloide zu berechnen? Ein Mathematiker wagt es nicht.

---

104 Die soeben vom Hansabunde herausgegebenen 'Materialien zur Finanzreform', von E. Mosich, bezeichnen es (S. 61) als „das einzig Erfreuliche an den gegenwärtigen finanzpolitischen Auseinandersetzungen, daß diese fast völlig einmütig in der Forderung nach Aufhebung der GewSt sind". Dazu: eb. S. 27, 4—6.

wenn von Verzehnfachung und Verfünfzehnfachung die Rede ist, so ist die Grundlage der Gerechtigkeit weggenommen, die für den Bürger die maßgebende war; es ist nicht mehr dieselbe Steuer. Demgegenüber befindet sich die Jurisprudenz in einer schwierigen Lage. Sie hat die Rechtmäßigkeit der einzelnen Maßregel nach gesetzlich geregelten Zuständigkeiten zu beurteilen. Die Steuer, die durch die Vervielfachung eine andere geworden ist, bleibt für den urteilenden Gerichtshof dieselbe. Darum kann in diesem Falle keine noch so 'ständige Judikatur' im Laufe der Zeit eine neue Rechtsüberzeugung schaffen. Im Gegenteil, die Übertreibung des Steuerfußes hat aus den Gemütern der Steuerzahler alles herausgerissen, was an Duldungsfähigkeit gegenüber geringen Beschwerden früher vorhanden war. Sie haben die Ungerechtigkeit ihrer Sonderbelastung unter dem Mikroskop gesehen, und die Wirkungen dieses Anschauungsunterrichts sind unwiderruflich.

Die erhoffte große Finanzreform hängt an dem Problem der Kommunalsteuern. Und dieses Problem wird nicht verschwinden, solange die heutige GewSt besteht. Darum müssen die alten Träger der GewSt und die, denen sie neu angedroht wird, sich zu der einheitlichen Forderung zusammentun: Abschaffung der GewSt, d. h. Ersetzung durch ein System von Beiträgen und Gebühren, wie es das geltende Kommunalabgaben-Recht für einzelne Fälle bereits kennt. Die Erfahrung lehrt, daß noch nie eine große Finanzreform durchgeführt wurde, ohne den gleichzeitigen Verzicht auf unerträglich gewordene Steuern. Eine Finanzreform, die nicht die Ertragssteuer vom Gewerbe beseitigt, ist nur ein Provisorium für kurze Zeit.

Aber wer hofft, daß die bevorstehende Finanzreform mehr als das sein werde, dürfte in Verlegenheit sein, Gründe dafür anzugeben. Daher bleibt neben dem ferneren Ziel, der Abschaffung der GewSt, das näher liegende Problem bestehen, das Anlaß zu dieser Abhandlung gegeben hat; die Frage ihrer Ausdehnung auf die Freien Berufe. Dem Reichstage liegt der Entwurf eines Rahmengesetzes[105] vor, das die Länder binden soll. Inzwischen lassen die Länder sich nicht zurückhalten, an neuen Landesgesetzen zu arbeiten, und als dritte fahren die Veranlagungsbehörden in ihrer steuererweiternden Tätigkeit fort. Da die Entscheidung im Reich vielleicht schnell erfolgen, vielleicht aber auch das RReformwerk vertagt

---

[105] Reichstags-Drucks. 1928, Nr. 568 (nebst Begründungs-Band); vgl. o. S. 67—69.

werden kann, so dürfen Landes-Gesetzgebung und Verwaltungsinstanzen inzwischen nicht außer acht gelassen werden. Mit der aufklärenden Arbeit an allen drei Punkten gleichzeitig einzusetzen, bietet auch keine Schwierigkeiten. Denn (abgesehen von 5—6 kleinen Staaten) brauchen die Freien Berufe nicht neues Recht, sondern nur die gerechte Interpretation des bestehenden zu verlangen. Ihre Forderungen sind also dieselben, ob sie sie an die ausführenden Behörden, an die Landes- oder an die Reichs-Gesetzgebung richten.

Der Entwurf eines Reichs-Rahmengesetzes (§ 3 [2]) setzt an Stelle der bisherigen Aufzählungen, die zu Streitfragen Anlaß gegeben haben, mit ausdrücklichen Worten die 'Freien Berufe' und erklärt sie sämtlich für GewStfrei. Die Vorkämpfer der Freien Berufe scheinen dies für einen entscheidenden Sieg und für das Ende aller Streitigkeiten zu halten. Das Gegenteil ist der Fall: gegenüber der Gefahr einer Interpretations-Willkür stellt das RRahmengesetz die Freien Berufe nicht besser, sondern schlechter. Denn bisher bot die Aufzählung der einzelnen Berufe und Berufsgruppen noch eine gewisse Schranke. Der bloße allgemeine Ausdruck Freie Berufe aber reißt auch diese Schranke nieder. Er würde von den Landes-Gesetzgebungen so aufgefaßt werden, als ob sie das unbeschränkte Recht haben sollen, zu interpretieren, was Freie Berufe sind; und wenn sie davon keinen Gebrauch machten, so würden die Steuerbehörden das Versäumte nachholen. Diese Nennung der Freien Berufe ohne Schranke für das Landesrecht muß als Danaergeschenk abgelehnt werden.

2.

Für positive Vorschläge ist zwischen dem prinzipiell Richtigen und dem immerhin noch Annehmbaren zu unterscheiden. Prinzipiell muß bei der Gewerbe-, wie bei jeder Steuer verlangt werden, daß der, der sie haben will, auch sagt, von wem er sie haben will. Der Ausdruck, daß der Betrieb eines 'Gewerbes' steuerpflichtig mache, war erlaubt, so lange er in dem Vertrauen gebraucht wurde, daß Bevölkerung und Behörde das gleiche darunter verstehen. Ihn zu dem Zwecke undefiniert zu lassen, damit die Behörde eine Handhabe gewinne, andere Tätigkeiten darunter zu begreifen, oder gar die reichsgesetzliche Weihe einer Definition zu geben, von der man weiß, daß sie zwar nicht durchgeführt werden kann, aber für Freistellungen doch der Behörde weniger Nötigung auferlege, wäre moralisch nicht erlaubt. Der Steuergläubiger hat ebensowenig wie ein anderer Gläubiger einen Anspruch darauf, im Trüben zu fischen. Will man für die Bestimmung der Steuerpflicht zunächst das aussprechen, worüber alle einig sind, so würde sich als erster grundlegender Satz ergeben: „Gewerbebetriebe im Sinne dieses Gesetzes sind die Betriebe in Handwerk, Industrie und Handel.“ Wenn die Vertreter der Finanzinteressen meinen, daß es Betriebe gibt, die weder Handwerk, noch Industrie, noch Handel betreiben und trotzdem GewStpflichtig sein sollen, so mögen sie diese Betriebe benennen und unter einer besonderen Ziffer hinzusetzen. Der gegenwärtige Zustand, das Wort Gewerbe im Vertrauen auf das Sprachempfinden im Reichsrecht ohne Grenzsicherung zu lassen, ist unhaltbar geworden, seitdem eine Definition sich vorgewagt hat, die eine Kriegserklärung an das Sprachempfinden bedeutet. Den Landes-Gesetzgebungen muß durch Reichsrecht der Weg verlegt werden, noch länger den Anschein zu erwecken, als ob den Behörden eine Art Blankovollmacht gegeben würde, und sie von dem Untertanen den Nachweis verlangen könnten, daß seine Tätigkeit kein Gewerbe sei. Es liegt heute kein Grund mehr vor, die GewSt unbestimmter zu fassen, als andere Steuern. Die 65 Handwerkskammern stellen reichsgesetzlich, die 122 (Industrie- und) Handelskammern zwar nur landesrechtlich, aber mit ausreichender Gleichmäßigkeit eine Organisation jener drei Kategorien über das ganze Reich hin dar. Die Finanzbehörden verfügen jetzt über Erfahrungen, um sich darüber auszusprechen, ob und inwieweit außerhalb jener drei Kategorien noch eine Liste gewisser Betätigungen aufzustellen ist, die steuerpflichtig zu machen sind. Zur Kontrolle liegen die erschöpfenden Gewerbeverzeichnisse des Statistischen Reichsamts vor. Die Arbeit kann in wenigen Wochen geleistet werden. Wollen die Regierungen sie nicht leisten, so mögen sie sich mit den drei Wörtern Handwerk, Industrie und Handel begnügen und auf die Steuern verzichten, deren Träger zu benennen ihnen die Mühe nicht lohnt. Der finanzielle Unterschied wird vermutlich nicht bedeutend sein.

Allerdings pflegen Behörden keinen Besitzstand so zäh zu verteidigen wie den einer Unklarheit. Sie durch Klarheit zu ersetzen, scheint ihnen ein Verlust von unbestimmbarer Größe. Zwar sollte dies gerade das kräftigste Argument für die Forderung nach genauer Benennung der Steuerpflichtigen sein. Aber es ist damit zu rechnen, daß es als Argument gegen sie geltend gemacht und zum Siege geführt wird. Ist diese erste Linie nicht zu halten, ist nicht zu erreichen, daß das RGesetz endlich positiv aufzähle, wer die GewSt zahlen soll, dann muß verlangt werden, daß der Gesetzgeber wenigstens negativ in bezug auf die Frage, wer sie nicht zahlen soll, sich klar und bestimmt ausdrücke und dem Streben nach nachträglicher einengender Interpretation hier ebenso den Weg verlege, wie beim Gewerbebegriff der erweiternden. Wir haben gesehen[106], welche Wandlungen die Umgrenzung der Freien Berufe im Laufe der Zeit erfahren hat und weiter erfährt. Ein solcher Ausdruck ist für die Gesetzessprache nicht geeignet. Das ist der Grund, weswegen die Freiberuflichen vor dem ihnen angebotenen Geschenk gewarnt werden mußten; durch nichts darf ihr Streben sich von dem Ziel ablenken lassen: endlich unausweichliche Bestimmtheit in den Gesetzestext zu bringen. Es trifft sich glücklich, daß man zu diesem Zwecke nicht einmal nötig hat, den gegenwärtig für die Freiberuflichen geltenden Wortlaut im Prinzip zu bekämpfen. Es muß im Gegenteil versucht werden, diesen im Landesrecht schon vorhandenen Wortlaut zur Grundlage der bevorstehenden Reichstags-Verhandlungen zu machen und sich auf Klarstellungen zu beschränken. Dies sei im einzelnen an dem mehrfach besprochenen Text der preußischen GewStV dargelegt, der als GewStfrei aufzählt:

> (§ 3 2.) die Ausübung eines amtlichen Berufs, einer künstlerischen, wissenschaftlichen, schriftstellerischen, unterrichtenden oder erziehenden Tätigkeit, insbesondere auch des Berufs als Arzt, als staatlich geprüfter Dentist, als Rechtsanwalt, als vereideter Land- und Feldmesser sowie als Markscheider.

Die angebliche Unmöglichkeit, diese Aufzählung unter einen einheitlichen Gesichtspunkt zu bringen, geht in ihrem Ursprung darauf zurück, daß vor 40 Jahren einmal an einen vorgelegten Wortlaut eine Kategorie ohne inneren Zusammenhang äußerlich angehängt wurde: die der Land(Feld-)messer und Markscheider[107]. Solche Geometer, deren Tätigkeit strenge wissenschaftliche Ausbildung voraussetzt (Vermessungs-Ingenieure für Eisenbahn-Nivellierungen, Stromvermessungen, Aufnahmen im Hochgebirge, Landeskultur-Berechnungen u. a.) bedürfen einer besonderen Erwähnung ebensowenig wie andere wissenschaftliche Spezialberufe. Will aber der Gesetzgeber für alle Geometer die Sonderstellung aufrechterhalten, daß sie nicht als Gewerbtreibende behandelt werden sollen, auch wenn jene Voraussetzung nicht zutrifft, dann muß ihnen eine besondere Ziffer gegeben werden. In dieser Ziffer müßten dann auch die Dentisten ihren Platz finden, für deren Ein-

---

[106] s. o. S. 7—14. [107] s. o. S. 53. [108] s. o. S. 57[60].

reihung Gründe maßgebend waren, wie sie für keinen anderen Stand in Betracht kommen[108]. Ist diesen nicht in Ziffer 2 gehörigen Kategorien eine andere Stellung eingeräumt, so ist es nicht schwer, den übrigen eine in sich klare und logisch zusammenhängende Anordnung zu geben. Die künstlerische, schriftstellerische, unterrichtende oder erziehende Tätigkeit difinieren sich als die Tätigkeit des Künstlers, des Schriftstellers, des Lehrers oder Erziehers; mit der wissenschaftlichen Tätigkeit ist eine Tätigkeit auf wissenschaftlicher Grundlage gemeint. Der Verschiedenheit muß im Gesetz durch Trennung Ausdruck gegeben werden. Dabei bietet sich Gelegenheit, zweifelsfrei festzustellen, daß Ärzte und Rechtsanwälte als Beispiele, und zwar als Beispiele wissenschaftlicher Tätigkeit, gemeint sind. Der Gesetzgeber hat mit den Interpreten schlechte Erfahrungen gemacht, als er sich des in der Gesetzessprache üblichen Ausdrucks 'insbesondere' bediente. Er wird gut tun, an der maßgebenden Stelle von der üblichen Gesetzessprache abzuweichen und vor dem etwas vulgären Ausdruck 'beispielsweise' nicht zurückzuschrecken. Sind so die GewStFreiheiten klargestellt, so ist es anderseits eine ebenso berechtigte Forderung, mit Bestimmtheit die Grenze anzugeben, jenseits derer die Freiberuflichen Gewerbtreibende werden[109]. — Bei der Lösung dieser beiden stilistischen Aufgaben sollte an sich die schillernde[110] Ausdrucksweise „Als Berufe gelten" beseitigt und statt dessen von den Freien Berufen ausdrücklich gesagt werden,

[109] Hierfür ist die Fassung des Rahmengesetz-Entwurfs unglücklich: „Die Ausübung eines Freien Berufs im Sinne dieser Vorschrift liegt insoweit nicht vor, als besondere Anstalten oder Einrichtungen (z. B. Kliniken, Sanatorien, Schulen) unterhalten werden."

Sie ist, wie die Begründung (S. 110, 1) verrät, aus einem — anscheinend schweren — Kampfe zwischen RRat und RRegierung hervorgegangen und ist weniger geeignet, die Willkür zu beseitigen, als zu ihr herauszufordern. Daß vollends unter den Beispielen sogar Schulen genannt werden, ist ein Versuch, nebenbei eine neue Steuerpflicht einzuführen. Die Begründung spricht sich nicht einmal darüber aus, ob und wo schon jemand eine Schule für einen Gewerbebetrieb erklärt hat. — Den Beteiligten scheint die ihnen drohende Gefahr nicht zu vollem Bewußtsein gekommen zu sein. Zwar hat der Reichsverband privater Unterrichtsanstalten (Berlin-Dahlem) in der Sache zwei Eingaben und eine Denkschrift verfaßt (Freie Bildung und Erziehung, Febr. 1928 u. Mai 1929). Aber die weitere Öffentlichkeit ist über den Vorgang nicht aufgeklärt. Wenn eine Regierung die Ausdehnung der GewSt beabsichtigte und schließlich selbst vor den Schulen nicht haltmachte, so wäre eine solche Ignorierung der bisherigen deutschen Anschauungen über die Schule zwar auch zu bekämpfen. Daß dies aber in einen Paragraphen gestellt wird, der an sich eine Beschränkung der GewSt bezweckt, und daß sozusagen als abschreckendes Beispiel einer ungehörigen GewStFreiheit die Schule angeführt wird, ist für Deutschland eine Ungeheuerlichkeit (vgl. o. S. 85). Wer über die Schule eine Auffassung zugrunde legen will, die in Deutschland nicht besteht und nie bestanden hat, muß sich zum mindesten die Mühe geben, das auszusprechen, und nicht es in Klammern beifügen, als ob das Unerhörte selbstverständlich wäre.

[110] s. o. S. 74.

daß sie keine Gewerbe sind. Da dies aber eine weitergehende Scheidung und Umarbeitung notwendig machen würde, und bei dem Stande der parlamentarischen Arbeiten hierzu Neigung und Muße fehlen wird, so möge der Verbesserungsvorschlag[111] hier so gestaltet werden, wie er in den § 3 des vorliegenden Reichs-Rahmengesetzes eingefügt werden kann:

§ 3. Als Gewerbe gelten nicht:

1. pp.

2. Die Ausübung

a) eines amtlichen Berufes, sei es[112] auf Grund eines Amtes oder amtlicher Aufträge;

---

[111] z. T. in stilistischer Anlehnung an das Hamburgische GewStG v. 10. März 1926, 20. Apr. 1928, § 5, Abs. 2.

[112] Dieser Zusatz hat sich als notwendig erwiesen, um einer irrigen Auslegung des Wortes amtlicher Beruf entgegenzutreten. Der Ausdruck ist nämlich so interpretiert worden, als ob ein amtlicher Beruf nur vorliege, wo ein Amt vorliegt. Eine solche Interpretation ist zwar von vornherein schwer annehmbar, weil es dann unbegreiflich wäre, wie der Gesetzgeber zu der gespreizten Ausdrucksweise „eines amtlichen Berufes" käme, wenn er damit nichts anderes meinte, als „eines Amtes". Es ist außerdem sprachlich nicht zulässig, das 'Amtliche' auf Amt zu begrenzen. Es ist dies derselbe Irrtum, der auch bei 'wissenschaftlich' zur Verwirrung beigetragen hat, als ob in der deutschen Sprache die Anhängesilbe -lich nur dazu diene, aus einem Hauptwort ein Eigenschaftswort zu bilden. Ebenso wie 'wissenschaftlich' eine andere, und zwar weitere Begriffsfläche deckt, als Wissenschaft, ebenso wird durch 'amtlich' eine weitere Begriffsfläche gedeckt als durch Amt oder Beamter. Ja, eine so weite, daß 'amtlich' nicht einmal auf Menschen beschränkt bleibt. Daß der Reichsanzeiger amtlich ist, bestreitet niemand; aber es wird niemand behaupten, daß der Reichsanzeiger ein Amt oder ein Beamter sei. Wenn ein Staat sich ein Gesetz gäbe, daß die Auktionatoren ihre Versteigerungen in einem Blatte bekanntmachen müssen, das die Ortsbehörde ein für allemal bestimmt, so ist der Auktionator kein Beamter, der Drucker, der Verleger, der Redakteur sind auch nicht Beamte; aber das Blatt ist gleichwohl amtlich. — Der praktische Fall, der zur Nachprüfung des Wortes amtlich Anlaß gab, war folgender: Ein Nationalökonom mit abgeschlossener Hochschulbildung, der sich als Beratender Volkswirt niedergelassen hatte, übte eine berufsmäßige Tätigkeit als gemeinsame Vertrauensperson und Verwalter in Konkursen aus und wurde für diesen Beruf zur GewSt herangezogen. Soweit die GewStFreiheit darauf zu gründen war, daß die Tätigkeit nur auf wissenschaftlicher Grundlage erfolgen konnte (was nur bei Kenntnis der Tätigkeit gerade dieses Verwalters und gerade der bei ihm üblichen Konkurse zu beurteilen wäre), braucht sie an dieser Stelle nicht erörtert zu werden, sondern fällt in die Kategorie der 'wissenschaftlichen' Tätigkeit (s. o. S. 90—95). Aber auch davon abgesehen, ist — allgemein — die Frage zu erörtern, ob der Beruf eines (d. h. all und jedes) Konkursverwalters, ein amtlicher ist. Bley-Greifswald hat die Frage bejaht und seiner ersten Begründung (in der Zeitschrift 'Konkurs und Treuhandwesen', II, 1928, S. 178f.) eine weitere in einem ausführlichen Gutachten vom 20. April 1929 folgen lassen (22 S., 4⁰, Maschinenschrift). Zur Zeit schwebt die Angelegenheit vor dem OVG. B. tritt der Meinung entgegen, daß der Träger eines Amtes notwendig persönlich Beamten-Qualifikation besitzen müsse. Seine Beweisführung ist in dem Ergebnis für den Streitfall überzeugend. Es kann

b) eines Berufes in einer künstlerischen, schriftstellerischen, unterrichtenden oder erziehenden Tätigkeit;

c) eines wissenschaftlichen Berufes, beispielsweise des Berufes als Arzt oder als Rechtsanwalt.

3. Die Ausübung des Berufes als vereideter Land- und Feldmesser, als Markscheider sowie als staatlich geprüfter Dentist.

Tätigkeits-Kreise geben (und hat es historisch gegeben), die objektiv den Tätigkeits-Kreis eines Amtes darstellen, deren Funktionen aber die Behörde lieber durch Nicht-Beamte ausführen läßt. (Aus welchen Motiven ist gleichgültig; in einer großen Anzahl von Fällen aus einer Stadtverwaltung, die in den 80er und 90er Jahren spielten, war es Geiz.) Um zu beweisen, daß in allen solchen Fällen ein amtlicher Beruf vorliegt, hätte B. nicht nötig gehabt, sich auf die Umgrenzung des Begriffes Amt einzulassen. Für seinen Zweck hätte es genügt, auf den Begriff 'amtlich' einzugehen. Überall, wo einem Beruf von Gesetzes wegen amtliche Einsetzung, amtlicher Zweck und amtlicher Sinn gegeben werden, liegt ein amtlicher Beruf vor. — Das Zwischenreich zwischen Beamten und Privaten, die 'staatlich gebundenen Berufe', als Forschungsobjekt entdeckt zu haben, ist das Verdienst Triepels (in: Festschrift für Binding; Leipzig, Engelmann, 1911; II, S. 1 bis 85). Um ihre Stellung vom Beamtentum abzugrenzen, unterscheidet T. zwischen 'Amt' und 'nichtamtlichem öffentlichen Auftrag'. Daß hier zwei Begriffe vorliegen, die unterschieden werden müssen, wird nicht bestritten werden. Da aber der Ausdruck für die zweite Kategorie nicht zutreffend gewählt ist, so wird der Gegensatz abgelenkt. 'Amtlich' ist der Auftrag des Konkursverwalters auch; ein Gericht (als solches) kann keine andern Aufträge als amtliche erteilen, ebensowenig wie es andere als amtliche Befehle, Bekanntmachungen, Fragen von sich ausgehen lassen kann. Also amtlich ist die Einsetzung beider Kategorien; ihr Unterschied besteht darin, daß der Beamte die amtliche Einsetzung kraft Amts-Übertragung hat, der andere, wie man im Sprachgebrauch des täglichen Lebens sagen würde, kraft bloßen Auftrages. Die sprachliche Schwierigkeit für die staatsrechtliche Terminologie liegt darin, daß sie für das zweite kein Wort zur Verfügung hat, weil in ihr 'Auftrag' für den übergeordneten Begriff mit Beschlag belegt ist. Wenn Triepels Lehre vom Halbbeamten eine Zukunft haben soll (und an den verschiedensten Stellen der Verwaltung drängt die Entwicklung darauf hin), so müssen für die Begriffe, die sie braucht, termini geschaffen werden. Dann wird sich zeigen, daß gerade die Triepelsche Theorie am besten geeignet ist, der Ausdrucksweise 'Ausübung eines amtlichen Berufs' (statt einfach: 'eines Amtes') einen Sinn zu geben. — Nur um den wirklichen und sprachlich einzig möglichen Sinn des Wortes amtlicher Beruf sicherzustellen, wird oben vorgeschlagen, die Worte hinzuzufügen „sei es auf Grund eines Amtes oder amtlichen Auftrages". Die Besorgnis, daß dadurch Gewerbtreibende in die Lage kommen könnten, die Einnahme aus einzelnen Aufträgen abzusetzen, weil diese (zufällig) amtlich seien, wäre unbegründet. Denn die beschränkende Bestimmung bleibt bestehen, daß die GewSt-Freiheit nur eintritt, wenn die amtlichen Tätigkeiten einen 'Beruf' darstellen. Daß wir hierbei vom Standpunkte der Steuer-Gesetzgebung auf eine Unterscheidung kommen, die unserer sonstigen Gesetzgebung fremd ist, ist richtig, aber erfreulich. Unsere Gesetzgebung behandelt überall die Einsetzung eines Verwalters durch eine Behörde als einen Akt, der lediglich die in Frage stehende Angelegenheit betrifft. Ob aber jemand die geeignete Persönlichkeit ist, die Verwaltung eines Hauses zu übernehmen, oder aus Häuserverwaltungen einen Beruf zu machen, sind zwei verschiedene Fragen. Die Behandlung der ersten ist gesetzlich geregelt, die der letzteren nicht; ob und wie diese zu Erörterung gelangt, hängt von Zufälligkeiten ab. Betr. Konkursverwalter ist es ein offenes Geheimnis, daß es eine Routine gibt, einen Konkurs ohne erhebliche Tätigkeit hinzuziehen und bei sinkenden Gebühren schnell zu beenden. Wenn das Steuerrecht dazu führt, jede amtlich ein-

Werden jedoch in Verbindung mit einem der Berufe zu 2 oder 3 Anstalten oder Einrichtungen gewerbsmäßig betrieben (Sanatorien, Werkstätten für Herstellung von Gegenständen o. ä.) dergestalt, daß die persönliche Berufstätigkeit selbst dabei von geringerer Bedeutung ist, als der Betrieb, so gilt dieser insoweit als Gewerbe.

4. [= gegenw. 3].

Für die weitere Ausgestaltung dieses vorläufigen Vorschlages und für die dauernde Weiterverfolgung der Angelegenheit ist erforderlich, einen tunlichst vollständigen Überblick über alle bisher vorgekommenen und weiter sich ereignenden zweifelhaften Fälle zu erlangen. Dieses geht über die Leistungsfähigkeit eines Einzelnen hinaus; es muß eine Zentralstelle geschaffen werden. Eine solche Zentralstelle kann nicht aus einem Zusammenschluß aller Vereine für Freie Berufe hervorgehen. Denn ein solcher würde entweder alle aufnehmen müssen, die sich als Freie Berufe betrachten, durch ihre Beiträge in Abhängigkeit geraten und nicht wagen, Grenzen zu ziehen; oder er würde durch Abweisung von Vereinen Streitigkeiten hervorrufen. Es müßte vielmehr einer der heute bestehenden Vereine, der zahlungskräftig genug ist, um auf Kostenbeiträge der andern verzichten zu können, die Herstellung einer Sammlung für alle Berufe in die Hand nehmen. In der Annahme von streitigem Material könnte auf das Weitherzigste verfahren werden, da niemand sich darüber auszusprechen brauchte, ob es gesammelt wird, weil man den Standpunkt des Vereins oder aber den der Behörde billigt. Eine solche Zentralstelle müßte jedem zur Verfügung stehen, der sich mit der Angelegenheit literarisch oder politisch beschäftigen will.

Da der heutige Gesetzgebungs-Apparat auf der Tätigkeit der Fraktionen beruht, so wird das Schicksal auch dieser Frage von der Stellungnahme der Fraktionen abhängen. Es könnte allerdings der Angelegenheit nichts Schlimmeres begegnen, als wenn sie zur Parteisache gemacht würde. Die Freiberuflichen treten nicht mit der Forderung auf, daß *ihre* Interessen wahrgenommen werden sollen, und sie suchen nicht, *einzelne* Fraktionen zu gewinnen; sie wünschen vielmehr, daß über die zukünftige Stellung der Freien Berufe im Volkskörper unter dem Gesichts-

---

gesetzte Verwaltertätigkeit als amtlich anzuerkennen und infolgedessen die andere Unterscheidung in den Vordergrund zu rücken, ob es sich um Einsetzung einer einmaligen oder einer Berufstätigkeit handelt, so kann damit der Einsatzpunkt zur Beseitigung eines Mißstandes gegeben werden, der (und zwar nicht bloß auf dem Gebiete des Konkursrechtes) jahraus, jahrein ungezählte wirtschaftlich sinkende Existenzen in den Abgrund treibt. — In dem Text der vorliegenden Abhandlung konnte auf die an sich wichtige Angelegenheit nicht eingegangen werden, weil nur die nichtamtlichen Freien Berufe (s. o. S. 76[85]) besprochen wurden.

punkte des Gesamtwohles beraten werde, und daß an der Beratung unter diesem Gesichtspunkt alle Fraktionen sich beteiligen mögen. Die bisherigen parlamentarischen Verhandlungen[113] haben ein Bild der Ratlosigkeit selbst großer Parteien gezeigt, wie es aus anderm Anlaß schwerlich in gleichem Maße vorgekommen ist. In dieser Frage handelt es sich gegenwärtig nicht darum, Parteien gegen Parteien zu stärken; sondern beinahe alle politischen Gruppen befinden sich noch heute im Stadium der Meinungsbildung.

---

[113] s. o. S. 61—67; dazu Anhang B.

Nachwort: Oratio pro domo?

Die vorstehenden Ausführungen machen den Versuch, eine schwebende Frage mit wissenschaftlichen Argumenten der Klärung näherzubringen. Da diese Argumente lediglich nach der ihnen innewohnenden Beweiskraft zu beurteilen sind, so ist es an sich unerheblich, ob der Verfasser außerdem auch ein persönliches Interesse an der Entscheidung der Streitfrage habe. Da aber einige der Leser vielleicht Gewicht darauf legen, hierüber unterrichtet zu sein, so kann hinzugefügt werden, daß ein solches Interesse nicht vorliegt. Wäre der Beschluß des Preußischen Landtages Gesetz geworden, so würde er mich persönlich nicht getroffen haben. — Trotzdem hat bei Abfassung dieser Abhandlung ein persönliches Interesse mitgesprochen. Aber es ist ein Interesse anderer Art.

Wir haben an den Universitäten die altüberlieferte Aufgabe, die Geistesarbeiter für ihre zukünftige Stellung in der Nation vorzubereiten. Wir wissen, daß heute ein erheblicher Teil unserer Zuhörer in das gewerbliche Leben eintritt, um ihm in Stellungen verschiedenster Art zu dienen. Unter Fabrikbesitzern, Bankdirektoren, Kaufherren, Reedern ist der studierte Mann eine nicht seltene Erscheinung. Aber farbegebend für die Universitäten sind die alten Berufe geblieben. Für diese wird die heranwachsende akademische Jugend in dem Sinne erzogen, in erster Linie an den Beruf zu denken, kranken Körpern Heilung, kranken Seelen Seelenheil zu spenden, Unwissenden Bildung, Streitenden Recht zu beschaffen, und dann von diesem Beruf auch zu erwarten, daß er seinen Mann ernähre. Es kann uns nicht gleichgültig sein, ob der Staat wie bisher von unserer Tätigkeit dieselbe Anschauung hat, oder ob er uns in die Richtung drängen will, in Ärzten, Rechtsanwälten, Lehrern, die wir heranbilden, Gewerbtreibende wie andere auch zu erblicken.

Für uns Lehrer der Nationalökonomie wirkt die Stellung zu dieser und ähnlichen Fragen bestimmend auf unsern Unterricht ein. Bei der herrschend gewordenen Stellung städtischen Lebens bildet heute die Tätigkeit der gewerblichen Bevölkerung den größten Teil des Wirtschaftslebens, das das Objekt unserer Wissenschaft ist. Hingabe an eine Wissenschaft ist nicht möglich ohne ein Gefühl von der Bedeutsamkeit ihres Objekts. Zu dieser Hochachtung auch vor dem gewerblichen Leben wollen wir unsere Zuhörer erziehen. Gleichzeitig wollen wir sie freilich auch für die Aufgabe bilden, etwas anderes zu sein, als diese gewerbliche Bevölkerung, über deren Lebensinhalt wir sie unterrichten. Der zukünftige Verwaltungsbeamte soll wissen, daß er eine Linie innezuhalten hat, unabhängig von den Interessen-Gegensätzen innerhalb dieser Bevölkerung. Die späteren Richter, von denen jetzt verlangt wird, daß sie auch durch unsere Schule gehen sollen, müssen wissen, wo im Rhythmus der gesellschaftlichen Gegensätze sie ihren Platz fest begründen können. Seitdem staatsbürgerliche Bildung auch in den Schulen, und namentlich in den höheren, verlangt wird, sind wir in dieser Beziehung Lehrer der Lehrer geworden. Mit Stolz bewahren wir die Erinnerung an Adolph Wagner, der bei voller Entschiedenheit in eigener politischer Stellungnahme Schüler und Verehrer in allen politischen und sozialen Richtungen hatte. Wenn Deutschland in den Gegensätzen zwischen Arbeitgebern und Arbeitern eine Linie für gemeinsames Arbeiten gefunden hat, so hat ihren Anteil daran auch die deutsche Nationalökonomie. So scharf der heutige Interessengegensatz empfunden wird, es sind doch in ihm bereits die lebenspendenden Elemente enthalten, die aus jenem Einfluß herrühren. Auch der schärfste Scharfmacher erkennt heute bereits die Gleichberechtigung seiner Gegenspieler in einem Maße an, das ihm vor einem Menschenalter die Verfemung durch seine Standesgenossen eingetragen hätte. Von unsern Zuhörern erwarten wir, selbst wenn sie im späteren Leben sich als volkswirtschaftliche Berater in den Dienst einer Interessenvertretung stellen, daß sie auch in ihrer Berater-Tätigkeit sich der Unabhängigkeit des wissenschaftlichen Mannes bewußt bleiben und gerade dadurch ihren Rat wertvoll machen.

Wir kämpfen einen schweren Kampf gegen die Wucht der heranflutenden materiellen Interessen, die diese Lebensauffassung unter Wasser zu setzen drohen. Die Klage, daß in den Interessen-Gegensätzen des wirtschaftlichen und sozialen Lebens heute einseitiger als die streitenden Parteien häufig die Sachwalter seien, die ihnen dienen wollen, erhebt sich immer lauter. Dies ist für uns, die Lehrer der heranwachsenden Generation von Nationalökonomen, nicht ein Grund, den alten Standpunkt zu verlassen, sondern ihn mit desto größerer Anspannung aller Kräfte zu verteidigen.

Es ist eine ungünstige Fügung, daß der Streit, ob die Freien Berufe als 'Gewerbe' betrachtet werden sollen, gerade auf steuerlichem Gebiete ausgekämpft werden soll, wo der bequeme Einwand Ansehen gewinnt, daß der Idealismus geltend gemacht werde, um eine neue Steuer abzuwehren. Ein Blick in die Vergangenheit zeigt, daß damit nicht der Sachverhalt bezeichnet ist. Als im Zeitalter der Reichsgründung Deutschland daranging, eine einheitliche Ordnung seiner Gewerbe zu schaffen, war die Anschauung, daß die Freien Berufe keine Gewerbe seien, noch so allgemein, daß man es nicht einmal für nötig hielt, sie in der GO auszusprechen. Die Träger der deutschen Einheitsbewegung in allen deutschen Ländern und allen deutschen Städten waren in der Hauptsache die studierten Leute und der Kaufmannstand gewesen (in dem die beginnende Großindustrie enthalten war). Beide Kreise hatten sich in dieser ersten politischen Bewegung Deutschlands zusammengefunden, in gleichgerichtetem Streben verschieden gearteter Kräfte. Als zum zweitenmal die Gesetzgebung Gelegenheit gehabt hätte, sich über den Begriff Gewerbe zu äußern, bei Erlaß und Durchführung des Gewerbegerichts-Gesetzes, fiel es in die Zeit des beginnenden Arbeiterschutzes[114]. Der Gedanke, daß zwischen und über den streitenden Teilen es Personen geben müsse, die ihren Lebensberuf anders auffassen, war damals die Voraussetzung für die Lösung des Problems; und auch damals setzte die Anschauung, daß die Freien Berufe keine Gewerbe seien, sich in der entschiedensten Weise durch, indem sie unausgesprochen allgemein anerkannt blieb. Daß jetzt — wenn man von dem vorübergehenden Einbruch französischer Revolutionsideen absieht, zum erstenmal in der deutschen Geschichte — die Freien Berufe zum Zwecke der Gewerbesteuer für Gewerbe erklärt werden sollen, daß den Freien Berufen dadurch der Zwang auferlegt wird, den Streit um ihre Eigenart auf einem ungünstigen Kampffelde auszufechten — das gerade nötigt uns, darzulegen, was für uns (und nicht bloß für uns) auf dem Spiele steht. Das ist unsere 'Oratio pro domo'.

---

[114] Über beide Zeiten s. o. S. 20—21, 29, 33—34.

Anhang A. Literatur[1].

Allgemeines. Rechtsanwälte. Ärzte.

Daß die Freien Berufe keine Gewerbe sind und keine GewSt zu zahlen haben, war in früherer Zeit so selbstverständlich, daß der Gegenstand nie eine literarische Erörterung fand. Auch heute noch gibt es keine Arbeit, die sich zur Aufgabe machte, das Thema in seiner ganzen Breite zu erörtern[2]. Aber unter den einzelnen Berufen, die sich zur Wehr setzten, haben zwei ihre Verbandsarbeiten so gestaltet, daß sie gleichzeitig das Rüstzeug für die Freien Berufe im allgemeinen bieten: die Rechtsanwälte und die Ärzte.

Rechtsanwälte. Der Deutsche Anwaltverein hat in seiner Druckschriftenreihe eine Arbeit von P. Marcuse gebracht, die zwar nicht darauf ausgeht, das Thema zu erschöpfen, aber auf engem Raume tatsächlich das Wichtigste für die gegenwärtige Kampfesstellung der Freien Berufe im allgemeinen bietet. Die Beziehungen zu den örtlichen Anwaltsvereinen gaben die Möglichkeit, den neuesten Stand der Landesgesetzgebungen zuverlässig zu berücksichtigen. Die Schrift ist die einzige, die auch zur finanziellen Auswirkung einer etwaigen Heranziehung der Freien Berufe zahlenmäßiges Material beibringt (Anm. 101). — Auch zu der neuesten preußischen Novelle (Anhang B) hat der Deutsche Anwaltverein in den wenigen zur Verfügung stehenden Tagen in einer Eingabe (vom 28. März 1930) an den Staatsrat Stellung genommen. Eine vom Abg. Donners (Wirtsch.-P.) in der Sitzung des Preußischen Landtages vom 25. März 1930 (Stenogr. Ber. Sp. 12597) besprochene 'Eingabe der (?) Ärzte- und Anwaltvereine' war nicht zu ermitteln.

Eine allgemeinere Fassung des Themas war schon vorher in der von Juristen ausgehenden Literatur vertreten. Das einzige umfangreiche Werk über Freie Berufe, das einzige zugleich, das zu dem Begriff eine historisch und kulturell bestimmte Stellung

---

1 Mit 'Anm.' ist stets auf die Anmerkungen dieses Buches und den zugehörigen Text verwiesen.

2 Auch Boylens' Aufsatz, erst nach Abschluß dieser Arbeit erschienen (RRVerwBl. 26. April 1930), beabsichtigt eine solche Erörterung nicht, sondern beschränkt sich auf eine Verteidigung des OVG.

zu gewinnen sucht, rührt von einem Rechtsanwalt her: Siegbert Feuchtwanger-München, Die Freien Berufe. Versuch e. allg. Kulturwirtschaftslehre (München 1922). Dazu: ders. i. Jurist. Wochenschr. 1928, S. 937. 2768; 1929, S. 542/3. Das Buch hat in seiner Fertigstellung und Drucklegung anscheinend unter den Schicksalen der Nachkriegszeit zu leiden gehabt, und die Lehre von einer 'Kulturwirtschaft', als deren Träger F. die Freien Berufe denkt, ist nicht zu klarer Ausarbeitung gelangt, würde auch nicht die Basis bilden, die für die vorliegende Arbeit erforderlich wäre. Das Verdienst aber bleibt dem Buche, das Thema 'Freie Berufe' festgestellt zu haben. Nachdem Triepel, von anderen Gesichtspunkten ausgehend, die Kategorie der 'Halbbeamten' gefunden hatte (Anm. 112), die zwar ebenfalls keine Grundlage für Begriffsbestimmung der Freien Berufe bildet (auch nicht bilden soll), hat Feuchtwanger sie doch mit Erfolg benutzt, um seine Theorie nach dieser Seite umzuformen und auch auf Berufe, die sonst wenig behandelt wurden, einzugehen. (Der Staat und die Freien Berufe. Staatsamt oder Sozialamt? [Königsberg, Pr., 1930. — Vgl. unten.])

Ärzte. Der Verband der Ärzte Deutschlands (Hartmann-Bund) hat einen Nationalökonomen von Fach um eine gutachtliche Äußerung über die Heranziehung der Ärzte zur GewSt ersucht. Nachdem Bräuer-Breslau den Auftrag übernommen hatte, sah er sich zunächst genötigt, Lage und Eigenart des ärztlichen Berufsstandes zu erforschen. Lieferte er schon hierin zukünftigen Arbeiten über andere Stände ein Vorbild, so gab er der volkswirtschaftlichen und juristischen Behandlung der Steuerfrage eine so breite Basis, daß das Buch zur Zeit als das ausführlichste Handbuch über die Gesamtfrage angesehen werden kann. Dies gilt insbesondere von dem Anhang 'Quellen und Literatur', aus Rücksicht auf den die vorliegende Arbeit sich wesentlich entlasten konnte (K. Bräuer, Die Frage einer Heranziehung der Ärzte zur Gewerbesteuer. Ein Beitrag zur Erkenntnis des steuerlichen Charakters freiberuflichen Einkommens = Bräuers Finanzwiss. u. Volksw. Studien 14. Jena 1929. — Vorwort v. 12. Nov. 1928). — Unmittelbar darauf ließ der Bund in seinen eigenen 'Veröffentlichungen' (Nr. 76) unter juristischer Leitung (Rechtsanwalt C. Bewer-Leipzig) eine Sammlung von „Stimmen zur Frage der Heranziehung der Ärzte zur GewSt" (Leipzig 1929) erscheinen, die außer zwei älteren Eingaben des Anwaltvereins und dem von uns bereits besprochenen (Anm. 57), zunächst für Sachsen bestimmten, aber allgemein bedeutungsvollen Gutachten von Schanze auch ein Gutachten des Göttinger Psychiaters Ernst Schultze zum Abdruck bringen („Die GewSt-Pflicht der Privat-Irrenanstalt"; aus: Archiv für Psychiatrie 1919). Auch dieses geht über seinen ursprünglichen Anlaß hinaus und behandelt Fragen, wie Errichtung einer Anstalt, Gemeinschaftsbetrieb mit einem Sozius und andere auch nach der rechtlichen und volkswirtschaftlichen Seite in allgemeingültiger Weise. — Endlich hat der genannte Verband eine Sondernummer seiner 'Ärztlichen Mitteilungen' (6. Apr. 1929) dem Stande der Gesamtfrage gewidmet. Darin: eine Sammlung von Pressestimmen und Protesten, sowie Auszüge aus preußischen Landtagsreden nebst Verzeichnis der Abgeordneten und ihrer namentlichen Abstimmung (Anm. 77a); ferner Beiträge über andere Berufe (weiter unten genannt).

Für Zahnärzte bedarf es an sich keiner besonderen Literatur, neben der allgemein ärztlichen; außer daß etwa durch bloße Atelier-Arbeit für andere Zahnärzte eigene

Fragen entstehen (Steuersyndikus H. Sonnenfeldl i. Ärztl. Mitt. 6. Febr. 1929, S. 253/5. — Kleinere Artikel in den 'Zahnärztlichen Mitteilungen' des Reichsverbandes der Zahnärzte 1929: 3. Febr., 3. März, 7., 22., 29. Apr.). — Dentisten: Anm. 60.

Andere Berufe.

Volkswirte: Anm. 95. Die Angelegenheit ist jetzt beim Reichsverband Deutscher Volkswirte zentralisiert; z. T. auch für

Wirtschafts-, Betriebs-, Steuer-Sachverständige: Anm. 95, 96; dazu das Gutachten von Großmann (Nachrichtenblatt des Reichsverbandes Deutscher Volkswirte April 1929) und Feuchtwanger, s. o. (haupts. i. JW.). — Amtliche Aufträge der Konkursverwaltung: Anm. 112.

Ingenieure, Architekten: Anm. 92a—94; dazu Feuchtwanger, s. o. (haupts. i. JW. 1929, S. 543). — B. Graber, Aus welchem Grunde ist die Einbeziehung der Architekten in die Gewerbebesteuerung nicht zu verantworten? Sonderdruck aus 'Die Baugilde'. Ztschr. des Bundes Deutscher Architekten 25. März 1929. — Derselbe i. Ärztl. Mitt. 6. Febr. 1929, S. 259/61.

Geometer, Vermessungs-Ingenieure: Anm. 49. — Ausführliche Behandlung jetzt bei Feuchtwanger, Staat und Freie Berufe (s. o.), S. 60—85.

Bildende Künstler: Kunst und Wirtschaft (Ztschr. des Reichsverbandes bildender Künstler) 1929, Heft 2 („Künstler u. GewSt"). — Otto Marcus (Generalsekr.) i. Ärztl. Mitt. 6. Febr. 1929, S. 262/3.

Konzertierende Musiker: Robitschek, eb., S. 263/4.

Schriftsteller: Hans Richter, eb., S. 201.

Unterricht. Privatschulen: Anm. 89, 109. — Tanzlehrer: Allg. Deutsche Tanzlehrer-VerbandsZg. 15. Dez. 1928; 1. Apr. 1929. — Versuche, Musiklehrer zur GewSt heranzuziehen, sollen in Braunschweig und Mecklenburg vorgekommen sein; Nachweisungen darüber waren nicht zu erlangen (auch nicht beim Bunde Deutscher Musikpädagogen).

Einzelne Länder.

Die einzige Zusammenstellung über die GewStGesetzgebung aller deutschen Länder (Stand v. Juni 1928) ist enthalten in dem Anlageband zu den seit Nov. 1928 schwebenden Reichs-Steuervorlagen (Reichstags-Drucks. „Zu Nr. 568", nachgeliefert am 7. Jan. 1929, S. 143—164. Daselbst ist bei jedem Lande auch die Stellung zu den Freien Berufen vermerkt. — Allgemeine wissenschaftliche Literatur: Anm. 28.

In der folgenden Literatur über einzelne Länder sind Ausgaben der dort geltenden Gesetze mit A bezeichnet.

Baden: A Glockner (1926).

Bayern: A Ringelmann u. Mühlfeld. 2. Aufl. 1927 (mit ausführl. Kommentar). — Bayerische Verordnung v. 20. Dez. 1928 betr. Geschäftsräume der Freien Berufe i. Kiefersauer, Grundstücksmiete. Ergänzungsband (= Schweitzers Handausgaben) 1929, S. 201. — Ferner: Ztschr. f. Rechtspflege in Bayern 25 (1929), S. 105, 172.

Bremen, wegen seiner 'Firmen- u. GewSt' v. 21. Mai 1921 (s. o. S. 55) für unsern Gegenstand besonders wichtig, besitzt keine Literatur zur Sache. Es sind gesammelte Abdrücke einschlägiger Gesetze im Umlaufe (ohne Titelblatt, Kl.-8°, 12 S. — 1924 von der Handelskammer veranstaltet?).

Hamburg: [A] Schrader u. Specht (1927).

Hessen: Landtags-Drucks. 1928, Nr. 115, 121.

Lippe: Obgleich dieses Land geradezu anfeuernd gewirkt hat (s. o. S. 61), so ist doch Literatur über seine Gesetzgebung nicht vorhanden. Eine Entscheidung des Reichs-Finanzhofs v. 12. Dez. 1928 für Rechtsgültigkeit der Heranziehung auf Grund Landesrechts und eine Eingabe namens des Lippischen Anwaltvereins von Rechtsanwalt Dr. Tielker-Detmold (1925/6) sind anscheinend ungedruckt. Das geltende Recht ist enthalten in Gesetzen v. 1926—28 (Lippische Gesetzsammlung 1926, Nr. 17, 31; 1927, Nr. 26; 1928, Nr. 19.

Preußen. Da in Preußen für die Dauer eines Jahres die Freien Berufe z. T. der GewSt unterstellt sind, so sind im Augenblick für unsere Frage die bisherigen Gesetzesausgaben sämtlich veraltet. Der erste neue Kommentar wird der von [A]Marcuse sein (Berlin, Liebmann; unter der Presse). — Einstweilen dessen rückblickender und zusammenfassender Aufsatz: Deutsche Juristenzeitung 1. Mai 1930. — Frühere Ausgaben: [A]Hog u. Ahrens, 4. Aufl., 1928 (nebst Nachtr. 1929). — [A]Frielinghaus u. Sogemeier (= Stilkes Rechtsbibl. 27a), 1926. — Noch ältere Literatur o. S. 45[32] (Fuisting); 110[102] (Jastrow).

Sachsen: Anm. 53—58. — [A] Schwede, 2. Aufl., 1926 (Jurist. Handbibl. 449, ausführlich). — Schäffner, Probleme der modernen GewSt (unter Zugrundelegung der sächsischen Gesetzgebung). Eisleben, Selbstverlag 1929 (132 S.).

Thüringen. Aus Anlaß der beantragten (aber abgelehnten) Einbeziehung der Freien Berufe (Gesetzentwurf über ein Notopfer zur Minderung des Fehlbetrages im Staatshaushalt 1929) wurden in der „Begründung" einige Worte darüber gesagt, bemerkenswert durch einige Eingeständnisse (Landtags-Drucksache Nr. 322/1929, Einzeldruck S. 10—11, 12. — Bericht des Haushaltsausschusses i. Ausschußberichte 1929, Bd. II, S. 1191ff.; Stenogr. Berichte 1929, S. 6180ff., 6949ff.).

Württemberg. [A]Roesler 1927 (Sammlung deutscher Steuergesetze 69). — Kiefe, Landessteuern in Württemberg, i. Böttchers 'Wirtschaftliche Kurzbriefe' (B.Charlottenburg, Weltwirtschaftsdienst), Gruppe 13, Blatt 86ff., 1927.

Anhang B.

Die preußische Gewerbesteuer für 1930.

Der vorjährige Versuch[1], die GewStPflicht der Freien Berufe im Wege der Überrumpelung in die Jahresverlängerung der GewStV hineinzubringen, hatte im Preußischen Landtag dem größten Teil der Parteien eine beschämende Rolle auferlegt. Man nahm an, daß der damals am Einspruch des Staatsrats gescheiterte Versuch sich nicht wiederholen würde. Man hatte sich getäuscht, dieselben Gründe, die damals die Parteien in die Lage brachten, jene Rolle auf sich zu nehmen, haben fortdauernd und in verstärktem Maße gewirkt. Wiederum standen sich prinzipiell die beiden Auffassungen gegenüber: weil die GewSt eine ungerechte Steuer ist, deswegen müsse sie auf Rechtsanwälte, Ärzte usw. ausgedehnt werden, damit man für die Beseitigung Kampfgenossen gewinne; und die andere: weil die Gewerbesteuer eine ungerechte Steuer ist, deswegen dürfe sie nicht noch weiter ausgedehnt werden. Wiederum wurden die beiden Standpunkte in Bestimmtheit und Geschlossenheit nur durch kleinere Parteien vertreten: jener durch die Wirtschafts-, dieser durch die kommunistische Partei. Noch bevor die Regierung die übliche alljährliche Vorlage zur Weitergeltung der GewStV einbrachte, hatte die Wirtschaftspartei bereits einen Urantrag[2] gestellt, der das Staatsministerium ersuchte (für den Fall, daß die allgemeine Berufssteuer nicht beliebt werde), in die GewStV die Heranziehung der Freien Berufe in der früher besprochenen Art einzufügen, sowie auch außerdem alle Arbeitnehmer mit einer Entlohnung von mehr als 12000 *RM*[3]. In der Sitzung vom 13. März standen zwar Regierungsvorlage[4] und Urantrag gleichzeitig auf der Tagesordnung. Da sie aber zusammen mit den Entwürfen über Grundvermögens- und Hauszinssteuer beraten wurden, so wurde die Erörterung mehr eine Generaldebatte über Steuerreform im allgemeinen, bis in die Probleme der Reichs-Steuerverfassung. Aus den Ausschußverhandlungen — deren Geheimhaltung sich in den letzten Jahren automatisch dadurch ver-

---

[1] s. o. S. 61—67.

[2] Drucksachen des Preuß. Landtages 1930, Nr. 3990.

[3] Sog. Generaldirektoren-Paragraph; daß diese Untergrenze auch für die Freien Berufe gelten sollte, ist ein Irrtum.

[4] Nr. 4380; lediglich die übliche Verlängerung mit zwei unbedeutenden (und nicht unseren Gegenstand betreffenden) Änderungen.

stärkt hat, daß bei der Überfülle des gesetzgeberischen Materials das Erkundungs-Interesse der Tageszeitungen zusammengeschrumpf ist — kamen Mitteilungen (oder wenigstens brauchbare Mitteilungen) nicht in die Öffentlichkeit. Etwa am 22. März wurden — trotz der gewichtigen Änderung ohne einen begründenden Bericht — die gedruckten Ausschußbeschlüsse[5] verteilt, die die Heranziehung der Freien Berufe in der im Vorjahr gescheiterten Form eingefügt hatten. Bereits am 25. März stand die neue Fassung zur zweiten Lesung. Drei Tage darauf war die neue Steuer in dritter Lesung beschlossen. Für Meinungsäußerungen der Bedrohten war keine Zeit gelassen.

Die zweite Lesung (25. März), in der man durch den mündlichen Bericht über die Gründe des Ausschußbeschlusses etwas erfahren sollte, wurde von dem Präsidenten mit den Worten eingeleitet:

„Das Wort als Berichterstatter hat der Herr Abgeordnete Neumann-Frohnau. — Der Herr Berichterstatter verzichtet."

Trotzdem wurde in den Reden auf die Ausschuß-Beratungen Bezug genommen; ja sogar in der Art, daß Begründungen nicht mehr für erforderlich erachtet wurden, da die Angelegenheit im Ausschuß hinreichend behandelt sei. Solche Bezugnahme war zwar auch in früheren Zeiten üblich. Aber dann lag der (schriftlich oder mündlich erstattete) Ausschußbericht vor. Daß auf den Bericht über die Vorgänge im Ausschuß 'verzichtet' und trotzdem auf sie Bezug genommen wird, ist eine Neuerung, die erst in letzter Zeit Gewohnheit geworden ist. Sie läuft darauf hinaus, daß die Gründe der Parteien geheimgehalten werden.

Für die weitere Entwicklung der Angelegenheit ist es von ausschlaggebender Wichtigkeit, diese Gründe zu kennen. Wenn auch allgemein bekannt ist, daß die treibende Kraft für die neue Auferlegung der Steuer die sogenannte Mittelstands-Politik ist, so ist damit allein die Zugkraft der Parole noch nicht erklärt. Denn es ist ebenso allgemein bekannt, daß für eine Entlastung des Mittelstandes (wie der heutigen GewStPflichtigen überhaupt) durch die Heranziehung der Freien Berufe nur wenig erhofft wird. Es ist dies auch in den Verhandlungen nicht mehr behauptet worden. Für die Intensität, mit der die Heranziehung der Freien Berufe betrieben wurde, waren zwei andere Gründe maßgebend: einmal jene Hoffnung, für die Abschaffung der GewSt Kampfgenossen zu finden, und sodann das Bestreben, dem Mittelstand zu zeigen, daß man 'etwas für ihn tue' (ut aliquid fieri videatur). Auf die Dauer tritt das Erste in den Vordergrund, im Augenblick das Zweite. Von Personen, die für gut unterrichtet gelten, wird die Sache so dargestellt (und wenn dies unrichtig sein sollte, haben die Abgeordneten kein Recht, sich zu beklagen, da sie dafür verantwortlich sind, daß über die Ausschußverhandlungen nicht berichtet wurde), daß der Wirtschaftspartei sicher schien, mit dieser Politik auf ihre Mittelstands-Wähler Eindruck zu machen. Diese Sicherheit teilten die anderen Parteien. Daher hat das Zentrum Gewicht darauf gelegt, die Führung zu dem Ziele selbst in die Hand zu nehmen, und hat auch trotz der Knappheit, mit der über den Gegenstand gesprochen wurde, diesen Punkt in der Debatte stark hervorgehoben, um sich den Ruhm dieses Ver-

[5] Nr. 4512.

dienstes am Mittelstande zu sichern[6], und die Deutsche Volkspartei das gleiche Gewicht darauf, die Geringfügigkeit dieses Verdienstes klarzustellen[7]. Wie demgegenüber die

[6] Abg. Koelges (Zentr.), Urheber des vorjährigen Antrages (dem diesmal die Wirtschaftspartei zuvorgekommen war), in der Sitzung vom 25. März (Sp. 12580/1): '... Herr Kollege Ladendorff, ich sage Ihnen noch einmal: wenn ich Mitglied der Wirtschaftspartei wäre, dann wäre es mir ein leichtes, nachzuweisen, daß man in diesen Dingen hundertprozentig einer Meinung sein kann, genau so, wie mir dies möglich sein würde, wenn ich in einer Innungsversammlung als Mitglied der Innung aufträte. Da bin ich selbstverständlich mit allen meinen Kollegen einig. Wenn ich aber hier in einer Partei sitze, die auf breitester Basis aufgebaut ist, die das gesamte Volk in allen Berufsschichten erfaßt (Zuruf bei der Wirtsch.-P.: Wir haben auch alle Berufe!), ist es anders. Herr Kollege Ladendorff, begehen Sie doch nicht den Fehler, die Zusammensetzung Ihrer Partei mit der der Zentrumspartei in eine Parallele zu stellen! (Zuruf des Abg. Ladendorff.) Sie sind nun einmal anders gelagert, und darum ist es natürlich — und niemand kann uns deswegen einen Vorwurf machen —, daß einige unserer Mitglieder aus Gewissensempfinden heraus hin und wieder einmal anders stimmen als die große Mehrheit. Darauf kommt es gar nicht an. Herr Kollege Ladendorff, Sie können 100mal hundertprozentig für diese Sache stimmen, — Sie sind 20 oder 21 Mitglieder. Sie können 40 oder 50 werden, und auch dann können Sie noch nicht ein Gesetz zustande bringen. Sie müssen dafür immer eine Stimme mehr als die Hälfte aller abgegebenen Stimmen haben, und das können Sie niemals, wenn Sie verlangen, daß Ihnen die anderen hundertprozentig zu Willen sind. Aber, Herr Kollege Ladendorff, Ihnen und den übrigen Herren der Wirtschaftspartei möchte ich dann doch sagen: wenn auch bei uns einige Wenige nicht dafür gestimmt haben, so steht doch die Tatsache fest, daß wir erstens diejenigen gewesen sind, die den Antrag eingebracht haben, daß wir zweitens diejenigen gewesen sind, die es verstanden haben, die Sozialdemokratie fast hundertprozentig für diesen Antrag zu gewinnen, und daß wir es gewesen sind, denen es sicherlich nicht leicht, aber immerhin gelungen ist, einen erheblichen Teil der Demokraten für diesen Antrag zu gewinnen. Damit hatten wir schon die Mehrheit erreicht.'

[7] Abg. Dr. Neumann-Frohnau (derselbe der als Berichterstatter verzichtet hatte): '... Nun haben die Regierungsparteien es vorgezogen, statt des Verwaltungskosten-Beitrages oder der Bürgerabgabe die Einbeziehung der freien Berufe in die Gewerbesteuer — mit einer Freigrenze von 6000 *RM* — vorzuschlagen. Es ist ganz klar, daß die Parteien der Regierungskoalition damit die freien Berufe geopfert haben, um der Unbequemlichkeit der Zustimmung zum Verwaltungskosten-Beitrag aus dem Wege zu gehen. (Sehr richtig! bei der D. V.-P.)

Nun will ich hier nicht in eine neue Erörterung der sachlichen Gründe eintreten, die für oder gegen die Einbeziehung der freien Berufe sprechen. Darüber sind die Auffassungen bei meinen Parteifreunden genau so geteilt wie vor einem Jahre. Aber das eine ist sicher, und darüber sind wir uns vollkommen einig, daß der Vorschlag, wie wir ihn jetzt haben, auch vom Standpunkt der Gewerbetreibenden, vom Standpunkt derjenigen aus, die den Gewerbetreibenden eine Entlastung verschaffen wollen, ein ganz kümmerlicher Ersatz für die Einführung der Bürgerabgabe ist, etwas, was finanziell überhaupt nicht zu Buche schlägt (sehr richtig! bei der D. V.-P.), so daß das, was man eigentlich erreichen will, mit dem, was hier von den Regierungsparteien geboten wird, nach unserer Überzeugung nicht erreicht werden kann. Damit fällt auch der Lobgesang, den der Kollege Kölges auf diesen Vorschlag der Regierung gesungen hat, in ein Nichts zusammen. Was den Gewerbetreibenden hier geboten wird, ist für die Katz. Es heißt Sand in die Augen der Gewerbetreibenden streuen, wenn die Herren vom Zentrum so tun, als hätten sie für die Gewerbetreibenden ein großes Werk vollbracht, indem sie die Sozial-

Sozialdemokratie, zwischen Mittelstands-Werbung und politischen Grundsätzen in einen Konflikt geraten, das vorige Mal den Ausweg traf, ihre sämtlichen Mitglieder, Mann für Mann, für Heranziehung stimmen und Mann für Mann in der Debatte schweigen zu lassen, haben wir oben dargestellt[8]. Diesesmal hat ein sozialdemokratischer Fraktionsredner[9] das Wort genommen[10]. Seine Ausführungen lauten in ihrem vollen Umfange, wie folgt:

„Zur Frage der Freien Berufe! Wir haben im letzten Jahre über diese Dinge hier ausgedehnte Auseinandersetzungen gehabt. Ich darf hier ruhig sagen, daß natürlich auch in unserer Fraktion die Auffassungen nicht einheitlich sind. Wir haben aber im jeweiligen Augenblick geglaubt, der allgemeinen Situation insofern Rechnung tragen zu müssen, daß wir einer Einbeziehung der Freien Berufe zustimmen."

Der Leitung der kleinen Demokratischen Fraktion entglitten jetzt in noch höherem Maße die Zügel, so daß diese, die im Vorjahre noch irrtümlich glaubte, geschlossen zu bleiben, am deutlichsten das Bild einer fast mathematisch genauen Halbierung darbot. Wir geben das Ergebnis der namentlichen Abstimmung in einer Form, die die Vergleichung mit der vorjährigen ermöglicht.

III. Beratung am 28. März 1930:

	Für	Gegen	Enthalten
	Heranziehung der freien Berufe		
National-Sozialisten	—	4	—
Deutschnationale	17	49	1
Deutsche Fraktion	10	2	—
Wirtschaftspartei	19	—	—
Deutsche Volkspartei	11	20	—
Zentrum	45	4	3
Demokraten	8	9	—
Sozialdemokraten	123	—	—
Kommunisten	—	43	—
Linke kommunistische Partei	—	1	—
Bei keiner Partei	1	—	—
Zusammen	234	132	4

Im Staatsrat wurde wie im Vorjahre ein Antrag auf Einspruch eingebracht. Dieser wurde aber diesmal — Zeitungsberichten zufolge[11] mit 38 gegen 29 Stimmen bei 8 Stimmenthaltungen — abgelehnt. Damit war der Landtagsbeschluß Gesetz ge-

demokraten und Demokraten zur Zustimmung zu diesem Antrag bewegten. Denn praktische Werte für die Gewerbetreibenden hat dieser Antrag so gut wie nicht...' (Sperrungen nach dem amtlichen Stenogr. Bericht: eb. Sp. 12583/4.)

8 S. 65.

9 Abg. Szillat: eb. Sp. 12592.

10 25. März 1930, Sp. 125.

11 so Vossische Zeitung, 2. April 1930.

worden[12]. Für das Rechnungsjahr 1930 gilt danach an Stelle des § 3[2], der bisher für die GewSt-Freiheit der Freien Berufe maßgebend war, folgende enge Fassung:

(Der GewSt unterliegen nicht: . . .)

2. die Ausübung eines der reinen Kunst oder der reinen Wissenschaft gewidmeten Freien Berufs.

Als der reinen Kunst oder der reinen Wissenschaft gewidmet ist ein künstlerischer oder wissenschaftlicher Beruf dann anzusehen, wenn er sich auf schöpferische oder forschende Tätigkeit, Lehr-, Vortrags- und Prüfungstätigkeit sowie auf schriftstellerische Tätigkeit beschränkt. Durch eine in geringem Umfange nebenher ausgeübte Gutachter-Tätigkeit als Sachverständiger wird die Zurechnung zu einem der reinen Kunst oder der reinen Wissenschaft gewidmeten Freien Berufe nicht ausgeschlossen. Ebenso wird bei Künstlern die Zurechnung durch den Umstand nicht ausgeschlossen, daß sie selbstgeschaffene Kunstwerke veräußern.

Dazu eine Bestimmung, daß bei Freien Berufen, die GewSt nur nach dem Ertrage[13] berechnet wird (§ 4 Abs. 1), und daß 6000 *RM* vom Ertrage für persönliche Tätigkeit abgesetzt werden dürfen (statt wie bei Gewerbetreibenden 1500 *RM* — § 5 Abs. 3).

Es ist also die Fassung Gesetz geworden, von der wir oben nachgewiesen haben, daß noch andere als die prinzipiellen Gründe gegen sie sprechen. Es ist eine gesetzestechnisch schlechte, für die Praxis an sich unbrauchbare Fassung in der Hoffnung angenommen worden, daß gesetzlichen Merkmalen, denen kein Sinn innewohnt[14], die Behörden verstehen werden, einen Sinn unterzulegen.

Es ist nicht zu verkennen, daß die Bestrebungen, die Gewerbesteuer auf Personen auszudehnen, die kein Gewerbe betreiben, in dem neuesten preußischen Gesetzesakt einen Erfolg errungen haben, der über alles bisherige hinausgeht. Ob eine solche Besteuerung in Lippe-Detmold, Lübeck und selbst Hessen besteht oder in dem größten deutschen Staate, ist mehr als ein bloß quantitativer Unterschied. Die leichte Eleganz, mit der man sich im Preußischen Landtag über reichsrechtliche Bedenken hinweggesetzt hat, ist von dem Bewußtsein getragen, daß die bloße Tatsache eines solchen preußischen Gesetzes auf die Interpretation der Reichsgesetze in Höchstgerichten und in Kommentaren einen gewissen Einfluß ausübt. Gleichwohl bleibt das bestehen, was über die zukünftige literarische und politische Behandlung der Frage vor dem neuen Gesetz in dieser Abhandlung ausgeführt war[15].

Zunächst: das neue Gesetz gilt nur ein Jahr; am 31. März 1931 läuft es ab, und die Arbeiten für die Erneuerung des Kampfes bleiben die bisherigen. Sodann aber fällt die endgültige Entscheidung nicht in den Landtagen, sondern im Reichstag. In diesem

---

[12] Gesetz über die Regelung der GewSt für das Rechnungsjahr 1930. Vom 17. April 1930 (GS S. 93/4.

[13] d. h. die daneben laufende Steuer vom Kapital soll auf Freie Berufe nicht erstreckt werden, also auch nicht eine an ihre Stelle tretende LohnsummenSt., — beide Befreiungen praktisch ohne erhebliche Bedeutung.

[14] s. o. S. 78—83.

[15] s. o. S. 113—120.

steht das Rahmengesetz immer noch zur Beratung und würde selbst im Falle einer Auflösung in irgendeiner Form wieder vorgelegt werden.

Für den Kampf im Veranlagungsverfahren einschl. der Rechtsprechung bis zum OVG darf der Gedanke nicht geduldet werden, daß nach ergangener Entscheidung Ruhe eintreten müsse. Die Notverlängerung eines Notgesetzes zur Einfügung einer neuen Steuer (denn um eine solche handelt es sich, wenn man sie auch unter den alten Namen zwängt) ist eine Ungehörigkeit; dies ohne Bericht über die Ausschußberatungen binnen drei Tagen zu tun, die zweite; und die dritte: es zu tun, obgleich nach dem schämigen Schweigen der größten Partei des Hauses die Bedrohten annehmen durften, der Versuch werde nicht erneuert werden. Auch haben die Urheber des neuen Gesetzes selbst nicht 'causa finita' gemeint. Zwar von der Illoyalität, eine bloße Jahresverlängerung benutzt zu haben, um etwas gänzlich Neues hineinzustopfen, sind sie nicht freizusprechen; auch werden sie, nachdem sie das getan haben, bei dem nächsten Termin die unveränderte Verlängerung verlangen. Ihr Wunsch aber geht doch dahin, daß das, was sie soeben geschaffen haben, wieder verschwinden möge, — nämlich mit der GewSt im ganzen. Daher ist in der Fortsetzung des Kampfes jeder Fußbreit zu verteidigen. Der Preußische Landtag hat nicht das Recht, eine Berufssteuer auszuschreiben, und wenn er es trotzdem tut, ist sein Gesetz reichsrechtlich ungültig[16]. Wer diesen Standpunkt von vornherein preisgeben wollte, würde es später zu bereuen haben. Den Behörden, die trotzdem das Gesetz anwenden wollen, muß wenigstens zum Bewußtsein gebracht werden, welche Arbeit man ihnen zugemutet hat mit Neu-Veranlagungen, neuen Begriffsbildungen, neuen Untersuchungen über Einordnungen, — alles nur um eines Jahres willen. Alle Ungleichmäßigkeiten, Wunderlichkeiten, Mißverhältnisse sind aufzudecken, schon damit die Gerichte nicht glauben, sie könnten bei diesem leichfertig hingeworfenen Gesetz, selbst wenn es zu einem dauernden würde, sich jemals eine 'Absicht des Gesetzgebers' ersinnen, auf der nachher eine 'ständige Judikatur' ihr geruhsames Dasein führe. Der sog. Gesetzgeber hat die Absicht gehabt, einem unmöglichen Paragraphen das Dasein zu geben, damit an ihm die ganze GewSt verblute. Ist schon die 'reine' Kunst oder Wissenschaft für solche Absichten von einer zweckdienlichen Begriffswidrigkeit[17], so wirkt die übergeordnete Stellung, die man dieser vermeintlichen Begriffsbestimmung gegeben hat, in einem (den Urhebern wahrscheinlich nicht zum Bewußtsein gekommenen) Maße einschnürend auf alle wohlwollend noch erhaltenen Befreiungen. Wie soll man dem einen Sinn abgewinnen, daß der Privatlehrer GewSt-frei ist, wenn er Mathematik unterrichtet; pflichtig, wenn er Lesen und Schreiben lehrt?[18] Daß diese Unstimmigkeiten im Reichsrecht, dem sie entnommen sind, nicht der Steuerpflicht dienten und daher dort harmlos, hier aber schmerzhaft sind[19], ist in den Beratungen nicht berührt worden. Eine noch größere Ungleichmäßigkeit tritt bei den Rechtsanwälten ein, je nachdem sie gleichzeitig Notare sind, oder nicht. Da die Tätigkeit eines Beamten

[16] s. o. S. 107.

[17] s. o. S. 62, 80, 82.

[18] s. o. S. 82.

[19] S. 83.

niemals unter den Begriff einer 'selbständigen' (§ 1, Abs. 2) fällt, so werden die Rechtsanwälte großen Stils, die sämtlich Notare sind, nur mit einem Teil ihres Arbeitseinkommens GewSt-pflichtig sein, der junge Anfänger (in der Großstadt wenigstens, wo auf die Ernennung gewartet werden muß) mit dem ganzen; während unbelastet der ausgeht, der von den Wechselprotesten der Reichs- und einiger Großbanken lebt.

In den Arbeiten für die bevorstehende Gesetzgebung[20] ist nur die eine Änderung eingetreten, daß eine breite Kampffront hinzugekommen ist: die Abschaffung der GewSt. Die Bedeutung dieses neuen Kriegsschauplatzes wird erst jetzt zu allgemeiner Würdigung gelangen. Die Forderung nach Ausdehnung einer Steuer bloß, weil sie ungerecht ist, an sich moralwidrig, ist nicht so paradox und nicht so ungewöhnlich, wie dies von den Bedrohten im Kampf behauptet worden ist. Bei einem gewissen Maße von dauerndem und steigendem Steuerdruck sehen die Bedrückten keinen anderen Ausweg, als durch Verallgemeinerung die Erbitterung zu vergrößern und die Abschaffung vorzubereiten: eine Art Notwehr. Es war auch nicht einmal richtig, wenn solchen Bestrebungen entgegengehalten worden ist, die Freien Berufe täten in Sachen einer ungerechten Steuer ihre Pflicht, gleichgültig, ob sie von dem Druck mit betroffen werden oder nicht. Die Erfahrung lehrt leider, daß die Menschen wenig empfindlich gegen den Steuerdruck sind, der auf anderen lastet. Wer, wie der Verfasser dieser Abhandlung, schon zur Zeit der Miquelschen Reform, also vor fast 40 Jahren, auf die klar gewordene Sinnlosigkeit der GewSt hingewiesen und demgegenüber nur Teilnahmslosigkeit gefunden hat, der kann sich ein Bild davon machen, wie den Bedrückten zumute sein muß, die ein Verständnis für ihre Klagen vermissen. Die GewSt ist gerichtet, und es handelt sich nur noch um die Vollstreckung des Urteils. Es darf auch nicht der Einwand geduldet werden, daß eine Zeit, die anerkanntermaßen Erhöhung der Einnahmen braucht, nicht geeignet sei, Steuern abzuschaffen. Die so reden, kennen die Erfahrungen der Steuergeschichte nicht. Bedeutende Steigerungen der Steuerergiebigkeit sind nie anders erzielt worden, als in Verbindung mit gleichzeitiger Beseitigung solcher Steuern, die unerträglich geworden waren. Das Gegenteil behaupten nur solche Staatsmänner, die sich davor fürchten, gegen eine gewohnte Unpopularität eine neue einzutauschen, auch wenn diese unberechtigt ist und ihre geduldige Hinnahme zu den Pflichten des Staatsmannes gehört. — Obgleich es daher hohe Zeit ist, daß die Agitation der Freien Berufe die Abschaffung der GewSt in ihr Programm aufnehme, so ist doch davon abzuraten, daß ihre Eingaben, Entschließungen und sonstige Kundgebungen sich damit befassen, an deren Stelle andere Steuern zu empfehlen. Stehen an der Spitze solcher Organisationen Männer, die sich darin ein Urteil zutrauen, so mögen sie mit dem Schwergewicht ihrer Persönlichkeit für das eintreten, was sie finanzpolitisch für richtig halten. Eine Standesvertretung sollte man nie beten lehren: Beschütz' dies Haus, zünd' andere an! Die Bewegung der Freien Berufe wird an Stoßkraft gewinnen, wenn sie sich bei jeder Gelegenheit grundsätzlich zur Ab-

[20] s. o. S. 115—120.

schaffung der GewSt bekennt. Wenn sie sich aber darauf legt, positive Steuervorschläge auszuarbeiten, so muß sie an innerem Zusammenhang verlieren.

Die Forderungen nach Ausdehnung und nach Abschaffung der GewSt stehen heute nicht mehr unverbunden nebeneinander; es ist eine Brücke geschlagen. Wird die Ausdehnung so weit getrieben, daß jeder Einkommensbezieher, gleichgültig, ob er ein Gewerbe betreibt, oder nicht, 'Gewerbe'-Steuer zahlt, so ist eine solche GewSt eine zweite EinkSt (vermehrt um eine SchuldenSt). Der Anfang ist gemacht, und das schwerste Hindernis, das Schamgefühl, ist überwunden, seitdem man Rechtsanwälten, Ärzten u. a., die nicht Gewerbetreibende sind und niemals als solche betrachtet wurden[21], die GewSt auferlegt hat. Zwar das Beamtentum fühlt sich noch sicher in der Überzeugung, daß man niemals wagen werde, einem Beamten, sei er Briefträger, sei er Geheimrat oder Präsident, eine Steuer zuzumuten, die sich 'Gewerbe'-Steuer nennt. Aber die Sicherheit stützt sich jetzt nur noch darauf, daß die Tätigkeit des Beamten keine 'selbständige' ist (§ 1, Abs. 2). An der Untergrabung dieser Stütze wird schon gearbeitet. Dem beantragten 'Generaldirektoren-Paragraphen'[22] ist die Form gegeben, daß er alle 'Arbeitnehmer' mit mehr als 12 000 *RM* treffen soll; und es wird offen davon gesprochen[23], daß es sich um die 'Empfänger hoher Gehälter' handelt. Und darin

---

[21] So ist es, wenn auch der Abg. Koelges mit Sicherheit das Folgende ausgeführt hat (Sp. 12573): 'Die Rechtslage ist nicht etwa so, daß die freien Berufe ein natürliches Recht hätten, von der Gewerbesteuer befreit zu sein. Diese Auffassung ist suggeriert worden. Sie ist durchaus abwegig. Nach dem geltenden Recht und nach der Rechtsprechung des Oberverwaltungsgerichts und auch des Reichsfinanzhofs ist die Rechtslage gerade umgekehrt. Wenn nicht ausdrücklich im Gewerbesteuergesetz die Befreiung bestimmter Kreise und Berufe ausgesprochen wird, dann sind alle diejenigen Personen, die am wirtschaftlichen Leben selbständig teilnehmen, auch gewerbesteuerpflichtig. Weil wir in Preußen nun in unserer Gesetzgebung in den früheren Jahren, ehe wir zu diesen katastrophalen Verhältnissen kamen, immer den Standpunkt eingenommen haben: Wir wollen solche Berufe wie die freien Berufe nicht zur Gewerbesteuer heranziehen, hat sich jetzt die Meinung herausgebildet, daß ein natürliches Anrecht darauf bestehe, und daß es gewissermaßen ein Vergehen — um keinen schärferen Ausdruck zu gebrauchen — sei, diese Berufe nun gewerbesteuerpflichtig zu machen. So ist die Rechtslage nicht. Ich nehme an, daß der Herr Finanzminister an Hand seines Materials die Rechtslage noch näher darlegen wird.' — Wie viel muß der Mensch nicht wissen, um diese Sprache führen zu können! Der Finanzminister hat dieser litis denunciatio nicht angenommen.

[22] s. o. S. 128[3].

[23] Abg. Riedel-Charlottenburg (Dem.), Sp. 12593/4: 'Aber es ist andererseits auch für diejenigen meiner Freunde, die der Einbeziehung der freien Berufe in die Gewerbesteuer zustimmen, nach wie vor in keiner Weise befriedigend, daß die Empfänger hoher Gehälter, insbesondere die Empfänger hoher Direktorengehälter im Bank- und Industriewesen (sehr richtig! bei den D. Dem.) vollkommen leer ausgehen und daß sich kein Weg zu ihrer Einbeziehung in den Rahmen dieser Gewerbesteuervorlage finden ließ', und selbst der deutschnat. Redner Hecken (Sp. 12562), der im Verlauf seiner Rede Bedenken äußerte, gab seinem prinzipiellen Standpunkt doch den Ausdruck: 'Ich selbst habe an und für sich keine Bedenken, die Anwendung des Begriffs Gewerbeertrag auf das Einkommen der freien Berufe und der Lohn- und Gehaltsempfänger hinzunehmen.'

wenigstens hat die Bewegung recht: wenn überhaupt Leute, die nicht Gewerbetreibende sind, GewSt zahlen sollen, weil man ihre Freiheit als Ungleichmäßigkeit empfindet, so liegt die größte Ungleichmäßigkeit darin, daß der frei sein soll, der unter dem Namen der 'Unselbständigkeit' eine Gewährleistung seines Einkommens genießt. Die GewStFreiheit des Beamtentums ist sinnvoll, solange man den historisch gewordenen Begriff des Gewerbes stehen läßt; reißt man ihn nieder, so verliert sie ihren Sinn und geht unter in der allgemeinen Forderung: wer zahlen kann, soll zahlen.

Daß die Parteien im Reichstage dieselbe Stellung einnehmen werden, wie im Preußischen Landtage, ist nicht wahrscheinlich. Die Sozialdemokratie wenigstens ist schon jetzt ins Gedränge gekommen. Die Krankenkassen haben vorausgesagt, daß in Wirklichkeit sie die GewSt ihrer Ärzte werden zahlen müssen, und die Erfüllung dieser Prophezeiung mit der drohenden Erneuerung des Ärztekonflikts muß lehren, daß die Führer der Landtagsfraktion Folgen und Tragweite ihrer Stellungnahme nicht richtig eingeschätzt haben. Wer von der Parteidisziplin eine so hohe Meinung hat, daß er Abgeordnete nötigt, der inneren Überzeugung zuwider nach Fraktionsbeschluß zu stimmen, der wird es mit der Parteidisziplin auch nicht vereinbaren können, daß zu derselben Zeit, wo die Vorlage eines aus der Partei hervorgegangenen RFinanzministers die GewStFreiheit der Freien Berufe fordert, in einem Landtage (und wenn es auch der preußische ist) die Partei das Gegenteil fordert. Und vom Zentrum hat die kleine Minderheit es sich nicht nehmen lassen, im Plenum gegen den offiziellen Fraktionsredner ihren Standpunkt wahrzunehmen[24].

In diesen Kämpfen muß als maßgebend unverrückt der Gesichtspunkt gewahrt werden, der zur Entstehung der vorliegenden Abhandlung den Anlaß gegeben hat. Nicht daß die Freien Berufe die GewSt und die mit ihr verbundenen Überwälzungskämpfe nicht tragen können, darf den hauptsächlichen Grund der Bekämpfung bilden (wiewohl es auf viele unter ihnen in bedeauerlich hohem Maße zutrifft): die Steuer ist nur der zufällige Anlaß, an dem eine allgemeinere Frage sich entzündet und brennend wird. Von Rechtsanwälten, Ärzten, von volkswirtschaftlichen und anderen wissenschaftlichen Beratern, von Lehrern der Jugend, sie mögen amtlich angestellt sein oder nicht, verlangen wir, daß sie die Überlieferungen ihres Berufes in Treue pflegen und ohne Überhebung über andere die Eigenart in der Auffassung von Pflicht bewahren sollen, auch wo sie Opfer und Verzichte fordert. Hat in einer Zeit, in der alle Schleusen geöffnet sind, um den Strom des Gewinnstrebens über die zu ergießen, die ihn nicht zur Allmacht anschwellen lassen wollen, der Staat ein Interesse daran, die letzten Fäden zu zerreißen, die uns noch mit jenen bedrohten Überlieferungen verbinden?

---

[24] Dr. Wester: Sp. 12606—14, in einer auch inhaltlich beachtenswerten Rede.

FSC
www.fsc.org
MIX
Papier | Fördert gute Waldnutzung
FSC® C083411

Kolibri 360 GmbH
Ferdinand-Jühlke-Straße 7
99095 Erfurt, Deutschland
produktsicherheit@kolibri360.de

Druck:
CPI Druckdienstleistungen GmbH
im Auftrag der
Kolibri 360 GmbH
Ferdinand-Jühlke-Str. 7
99095 Erfurt